人を大切にし組織を伸ばす

稲盛和夫の言葉

桑原晃弥

人として正直に、かつ「ど真剣に生きる」

「経営の神様」というと、かつてはパナソニックを創業した松下幸之助の名前が挙がりましたが、今の時代に「経営の神様」と言えば、京都セラミック（現・京セラ）を創業した稲盛和夫を挙げるのが一般的です。

稲盛はなぜ「経営の神様」と呼ばれるのでしょうか？

1959年4月、27歳で創業した京セラを、創業以来黒字を続ける超優良企業に育て上げただけでなく、1984年に設立した第二電電（現 KDDI）は今やドコモやソフトバンクと並ぶ、「au」ブランドで知られる携帯電話会社へと成長しています。さらに「誰がやっても立て直せない」と言われるほどの経営危機に陥った日本航空（JAL）を再建するため会長に就任。陣頭指揮を執って、わずか3年で見事に再上場させました。こうした素晴らしい経営手腕が評価されてのことですが、それだけでなく、2019年まで稲盛が半生をかけて取り組んできた経営者のための勉強会「盛和塾《せいわ》」や、科学や芸術の分野に貢献した人を表彰する国際賞「京都賞」などに代表される稲盛の生き方や考え方に憧れ尊敬する経営者が、世界中にたくさんいることが理由として挙げられます。

自ら創業した企業を1代で大企業へ成長させた経営者は日本にもたくさんいます。稲盛もこうした経営者の1人であるわけですが、稲盛が「経営の神様」と呼ばれ、世界中の経営者がその話を聞きたがるのには大きな理由があります。本書でもたびたび触れているように、最初の会社である松風《しょうふう》工業に就職するまでの稲盛は、天才でもなく、順風満帆な人生を送っていたわけでもありません。それどころか、志望する学校や企業にことごとく落ちるという不運続きの人生を送っています。

一時は腕っぷしの強さを生かして「インテリヤクザ」になろうかと迷ったほどですから、いかに思い通りにいかなかったかがよく分かります。松風工業も待遇面、経営面で不満だらけの会社であり、同期入社の仲間は早々に見切りをつけて辞めていきました。稲盛自身も、最初は転職を考えていましたが、それも思うに任せず、結局は1人取り残されたのです。

そして、この時、「不平不満を口にしている暇があれば、その不満を感じなくなるぐらい仕事に没頭しよう」と考えを改め、ただひたすらに仕事に打ち込むようになったことで、稲盛の人生は１８０度変わっていったのです。素晴らしい研究成果を上げ、優れた製品をつくり上げたことが、稲盛の自信と評価につながり、その後の京セラの創業へとつながっていきました。

やがて、京セラを創業した稲盛は「成功するまで諦めない」粘りと闘争心でセラミックスの新しい市場を開拓していくと同時に、社員の心をベースとした経営の大切さを自覚、それを徹底することで、京セラを世界的企業へと成長させることに成功したのです。

稲盛の語る「経営の心得」は、こうした試行錯誤の中から生まれたもので、決して難しいものではありません。むしろ「当たり前」のことかもしれませんが、実は「当たり前のことを当たり前に徹底してやり続ける」ことほど難しいことはありません。企業にはそれぞれ経営理念があり、守るべき原理原則がありますが、経営がうまくいかない時や、おいしい話が転がり込んできた時など、それが経営理念や原理原則に反すると分かってはいても、「少しぐらいなら良いか、会社のためになることだし」と言い訳をして道を外れるのはよくある話です。

しかし稲盛は、こうした「ほんの少しの言い訳」も決して許しません。例外をつくらず、自らに課した「人間として何が正しいかで判断する」という原理原則を貫き通すことで大きな成功を手にしたところに、稲盛の素晴らしさがあります。

人間というのは弱いもので、ズルをしても楽をしたい、得をしたいと考えがちですが、稲盛の生き方やその言葉に触れると、人として正直に、かつ「ど真剣に生きる」ことが、どれほど素晴らしいことかを改めて実感することができます。

コロナ禍の終息が見通せず、先の見えにくい時代、「どうして自分だけ？」と不運を嘆きたくなることもありますが、そんな時にこそ、不運や不遇にあってなお前向きに努力を続けることで自らの思いを実現してきた稲盛の言葉に耳を傾けてみてはいかがでしょうか。きっとそこには、生きる支えとなる本物の言葉があるはずです。

本書が皆さまのこれからの人生にとって少しでもお役に立つことができれば、これに勝る幸せはありません。

本書の執筆には、リベラル社の伊藤光恵氏、安田卓馬氏、仲野進氏にご尽力をいただきました。心より感謝申し上げます。

桑原　晃弥

第一章 仕事を好きになれ 懸命に生きろ

第二章 人生は考え方次第で大きく変わる

第三章 人格を磨き続けろ

第五章 リーダーのあり方とは

第六章 経営者の心得①
人をベースにした経営を

第七章 経営者の心得② 経営はかくあるべし

第一章

WORDS OF KAZUO INAMORI

仕事を好きになれ
懸命に生きろ

WORDS OF KAZUO INAMORI

01

「天職」は、自らつくり出せ

自分の好きな仕事を求めるよりも、
与えられた仕事を
好きになることから始めよ。

▼『働き方』

アスリートやミュージシャン、芸能人などを見て、「あの人たちは好きなことを仕事にできて良いなあ」とうらやましく思ったことはないでしょうか？　学生時代には「好きなことをして生きていけたら良いなあ」と夢を見ながらも、たいていの人は「好きでもない仕事」からスタートすることになります。

稲盛和夫もそうでした。東京や大阪の有名企業の就職試験を受けたものの、すべてはねられ、ようやく就職できた※碍《がい》子《し》メーカーの松風《しょうふう》工業（現・松風）は給料の遅配が当たり前、労働争議も多い会社でした。同期入社の４人は早々に退社、稲盛１人が残されますが、そこで稲盛は、気持ちを切り替えて、与えられた研究に没頭することを決意しました。

すると、それまでいやいややっていた研究が楽しくなり、素晴らしい結果が出るようになったのです。稲盛によると、充実した人生を送るには、「好きな仕事をする」か「仕事を好きになる」かのどちらかしかありません。もし今、好きでもない仕事をしているとしたら、何としてもその仕事を好きになることです。好きなことはいくらでも頑張れるものです。そこから人生の好循環が始まります。「天職とは自らつくり出すもの」なのです。

※碍子…電線と電柱や鉄塔を絶縁するための器具

WORDS OF KAZUO INAMORI

02

「言われてやるだけの仕事」を「考えてやる仕事」に

今日よりは明日、
明日よりは明後日と、
少しでも進歩するように
心がけていかなければなりません。

▼『君の思いは必ず実現する』

与えられた仕事を好きになるためにはコツがあります。与えられた好きでもない仕事を、上司から言われるがまま、毎日、同じように繰り返していては、その仕事を好きになることはできません。「なんで自分は毎日、こんなことを繰り返しているのだろう」とますます仕事を嫌いになるかもしれません。

　稲盛和夫によると、仕事を好きになるには少しずつの創意工夫を加えることが必要になります。例えば、今やっている仕事について「もう少し早くできないかな？」「もうちょっと簡単な方法はないかな？」と考え、さまざまな工夫をします。一つひとつは小さな試みでも、続けるうちに「言われてやるだけの仕事」は「考えてやる仕事」になります。そこで新たな工夫によって仕事の質が向上すれば、やりがいが生まれ、仕事が好きになってくるのです。

「継続は力なり」と言いますが、継続といっても、漠然と、漫然と続けるだけでは意味がありません。常に「何かもっと良い方法はないだろうか？」と考え、改善を続けることが、素晴らしい成果を生むというのが、稲盛の持論です。

　仕事を好きになるためには、日々の創意工夫がとても大切なのです。

WORDS OF KAZUO INAMORI

03

不運を忘れるほど仕事に夢中になれ

不運なら、運不運を忘れるほど
仕事に熱中してみなさい。

▼『賢く生きるより辛抱強いバカになれ』

今でこそ、稲盛和夫は多くの人の尊敬を集める成功者ですが、ファインセラミックスの専門メーカーである京都セラミック（現・京セラ）の創業以前は「不運」続きの人生でした。中学入試でも大学入試でも志望校にはねられ、志望する企業からの内定は出ず、教授の紹介でかろうじて入社した会社は倒産寸前と、「不運」を絵に描いたような人生です。

まさに「挫折続きのままならない人生」でしたが、そんな人生を好転させたのが「不平不満を鳴らしている暇があれば、その不満を感じなくなるぐらい研究に没頭しよう」という、一種の「開き直り」でした。汚い寮にいると不平不満ばかりが湧《わ》いてくるので、研究室に寝泊まりして研究に打ち込もうと考え、自炊道具まで持ち込んで、文字通り自分の時間をすべて研究にかけることにしたのです。

好きなことに熱中していると、人は時間の経つのも忘れるもので、稲盛も、ファインセラミックスの研究に没頭している時は、不平不満が消え、純粋に研究に打ち込むことができたといいます。その結果が素晴らしい成果につながり、そこから稲盛の人生は好転したのです。

不運な時は、代わりに不運であることを忘れるほど仕事に熱中すれば良いのです。

WORDS OF KAZUO INAMORI 04

今日1日の頑張りが未来を切り開く

今日1日を精一杯生きれば明日が見えてくる。
今月を精一杯に生きれば来月が見えてくる。
今年1年間を生きれば来年が見えてくる。

▼『君の思いは必ず実現する』

企業には3カ年計画、5カ年計画といった長期計画がつきものですが、稲盛和夫が創業した京セラは、創業以来、長期計画を立てずにやってきました。小さな会社ならともかく、京セラほどの大企業なら長期計画はあって当然というのが世の中の常識ですが、稲盛は「遠くを見る話というのは、たいてい嘘に終わる」という理由で長期計画を立てません。

稲盛によると、いくら先を見て青写真を描いたとしても、予想を超えた環境の変化や、思いもかけない事態が必ず起こり、計画は変更されたり下方修正されることになります。こうした計画変更が続くと、社員は「どうせ途中で変わるんだろう」と計画を軽んじるようになり、社員の士気にも影響することになります。

それよりも、1年だけの計画を立て、それを月ごとの計画、1日ごとの計画に細分化して、その達成に全力で取り組みます。そうやって「今日1日を精一杯努力」すれば、明日が見え、来月が見え、来年が見えてくるというのが稲盛の考え方です。遠大な夢を語りながらも、今日という日を精一杯生きない人間は、単なる夢想家にすぎません。大切なのは、今を誰よりも懸命に生き、わずかずつでも進歩向上を積み重ねていくことなのです。

WORDS OF KAZUO INAMORI

05

最初から全力で走り出せ

どこまで続くか分からないが、
100メートルダッシュで
行けるところまで行こうではないか。
倒れるまで、全力で走ってみよう。

▼『ど真剣に生きる』

「人生はマラソンのようなものだ」という言葉があります。その時々の自分に合わせて、全力で走ったり、ペースを緩めたりすれば良い、というような意味ですが、稲盛和夫は、京セラを創業して以来「自分は全力で走り続けよう」と考え、ペースを緩めずに走り続けています。途中、社員の中から「もっとペース配分を考えないと、長続きしないのでは」という声もありましたが、稲盛はこう考えました。

日本の企業の「マラソンレース」は終戦の年（１９４５年）から新たに始まりました。ランナーには戦前からの名門企業もいれば、戦後誕生した無名企業もいます。京セラの創業は１９５９年ですから、先頭集団は「14キロ先」です。しかも、自分たちには十分な装備もないので、先頭集団に追いつき追い越すためにはとにかく全速力で走り続けるしかない。だから、自分たちは行けるところまで全力で走ろう。

やがてトップに立った京セラですが、その後もペースを緩めることはありませんでした。何かに挑戦する時、最初からペース配分を考えていては、勝負になりません。まずは全速力で走り始め、倒れるまで全力で走ることで、初めて大きな成果を上げることができるのです。

WORDS OF KAZUO INAMORI 06

「経験」が加わってこそ「成果」が生まれる

自分で試行錯誤を繰り返し、
苦労して初めて分かることも多い。
経験則と理論がかみ合ってこそ、
素晴らしい技術開発やものづくりができる。

▼『ガキの自叙伝』

稲盛和夫が松風《しょうふう》工業に入社して、研究のために毎日、原料を粉砕するポットミルという器具を一日中回していた時のことです。最初の頃、稲盛は原料の粉砕、混合という手順に従って「何気なく作業をして」いましたが、教科書に書いてある手順通りにやっているにもかかわらず、実験で思うような結果が出ないことが何度か続きました。

「なぜだろう」と不思議に思っていると、稲盛がさっと洗うだけの使い終わったポットミルを、1人の先輩がたわしやヘラを使って丁寧に洗い、タオルで拭く姿に目が行きました。違いはそこでした。

前の実験に使った粉がわずかでもポットミルに残っていると、それだけでセラミックの微妙な特性は変化します。それを防ぐために、先輩は徹底的に洗浄していたのです。以来、稲盛は先輩を見習って、器具の洗浄を徹底するようになりました。それが、その後の成果へとつながっていったのです。

教科書に書いてある通りにやっても、実際の現場ではその通りにならないことがよくあります。学んだ「理論」だけでなく、現場で試行錯誤を繰り返すことで身につけた「経験則」が加わってこそ、素晴らしい成果が生まれるのです。

WORDS OF KAZUO INAMORI 07

周りが認めてこそ「本当の努力」である

客観的に見て、誰にも負けない努力をしているということが大事であって、自分自身が努力をしていると思うだけのことではないのです。

▼『活きる力』

「自分はこんなに頑張っているのに、どうして周りは評価してくれないんだろう」と嘆いたことはないでしょうか？

たしかに、あなた自身は「頑張っている」のでしょうが、実際は「100点の仕事をした時に、自分では150点の評価をつけますが、他人の評価は7、80点くらいのもの」というのが、伊藤忠商事の元社長・丹羽宇一郎の見方です。

稲盛和夫が大切にしていることの1つは「誰にも負けない努力をする」です。稲盛が若い社員に「努力をしなさい」と言うと、返ってくるのは「しています」という返事です。しかし、それは自分の評価でしかありません。稲盛の言う「誰にも負けない努力」というのは、「自分はやっています」という主観的なものではありません。周りの人たちが見て、「あの人は誰にも負けない努力をしているね」と言われて、初めて「誰にも負けない努力をしている」になるのです。

人は誰でも自分なりに頑張っているし、努力もしています。ところが、周りはそれを評価せず、成果も認めないということがしばしばです。そんな時に大切なのは、自分で自分を評価して満足することではなく、周りが「頑張っているなあ」と認めるほどの努力をすることなのです。

WORDS OF KAZUO INAMORI 08

ミスゼロを目指し、常に「完璧」を期せ

完成品をつくるには、99%の努力では足りません。100%を目指す「パーフェクト」な取り組みがいつも要求されるのです。

▼『働き方』

書類の数字の書き間違いを指摘されて、「すぐに直します」と言ってパソコンでさっと修正をする。会合などで失言を指摘され、「申し訳ありません、取り消させていただきます」とすぐに取り消して、謝罪する。

いずれも当たり前のように行われていることですが、稲盛和夫は「ミスが発生すれば、消しゴムで消して、やり直せば良いという姿勢では、小さなミスを繰り返した挙句、取り返しのつかないミスをする危険性がある」と指摘しています。

稲盛によると、ものづくりは99％の工程がうまくいっていても、たった１つのミス、たった１つの手抜きですべてがダメになるだけに、常に１００％を目指す、「パーフェクト」な取り組みが欠かせないといいます。

これは、ものづくりに限らず、すべての仕事に言えることです。「失敗したらやり直せばいいや」というういい加減な気持ちではなく、細部に至るまで「完璧を期す」という姿勢で取り組んでこそ、仕事の質は上がり、人としての成長もできるのです。

ミスをゼロにするのは難しいことですが、ミスを安易に許容しないという姿勢はなくてはならないものなのです。

WORDS OF KAZUO INAMORI

09

順境なら「よし」、逆境なら「なおよし」

苦難、成功いずれにしても、私たちは試されているのです。

▼『働き方』

稲盛和夫の人生は、京セラを創業する20代半ばまでは挫折続きの苦労の多いものでしたが、のちに当時の不運こそが自分に仕事に打ち込むことを教え、それを通じて人生を好転させてくれた「最高の贈り物だった」と考えるようになりました。

理由は、もし苦難も挫折も知らずに有名校に進学し、大企業に就職していたら、稲盛の人生は今とはまるで違うものになったはずだからです。人間は、順風満帆の時にこそ過ちを犯しやすいものです。若くして大成功をおさめ、一躍「時代の寵児《ちょうじ》」となった人が、慢心から過ちを犯し、絶頂から転落するケースがあるように、成功という山が高ければ高いほど、落ちていく時の衝撃は大きくなります。成功は人を過信させやすいだけに、順境は乗り切り方が難しいのです。

一方、若くして挫折や苦労を経験しても、稲盛のように苦難を忘れるほど夢中で仕事に打ち込むうちに、小さな成功を1つずつ引き寄せ、やがては逆境を順境へと変えていく人もいます。その意味では、稲盛の言うように「苦難、成功いずれにしても、私たちは試されている」のです。人生をより良いものとするためには、「順境なら『よし』、逆境なら『なおよし』」という心構えが大切なのです。

WORDS OF KAZUO INAMORI

10

がむしゃらに頑張れば神様は助けてくれる

神様が手を差し伸べたくなるほどに、
一途《いちず》に仕事に打ち込め。

▼『働き方』

「人事を尽くして天命を待つ」という言葉がありますが、稲盛和夫の「人事を尽くして」は「一生懸命に仕事に打ち込み、苦しみ抜いている私の姿を見た神様が憐《あわ》れみ、知恵を授けてくれた」としか言いようがないほどの「人事を尽くす」でした。

稲盛が松風《しょうふう》工業時代に「U字ケルシマ」という絶縁部品の開発に挑んだ時のことです。ファインセラミックスを成形するための最良のつなぎが見つからず、何日も考え続けていました。そんなある日、何かに躓《つまず》いて転びそうになり、足元を見ると、先輩が実験で使うパラフィンワックスが靴にべっとりついていたのです。

これが解決のヒントになり、試しにパラフィンワックスをつなぎに使ったところ、不純物のまったくないU字ケルシマが完成、稲盛は一途に仕事に打ち込んでいた自分への「神の助け」だと感じたのです。京セラでは、アメリカのPCメーカーIBM向けの製品開発に泣くほど苦労する社員に「神に祈ったのか？」と声をかけていますが、「あとは神に祈るしかないほど、最後の最後まで努力しろ」という意味です。社員はその言葉を聞いて再度挑戦をし、難題を克服しました。

これ以上ないほど頑張ってこそ、幸運が舞い降りてくるのです。

WORDS OF KAZUO INAMORI

11

日々の積み重ねこそが人を高みへと至らしめる

今この1秒の集積が1日となり、その1日の積み重ねが1週間、1カ月、1年となって気がついたら、あれほど高く、手の届かないように見えた山頂に立っていた。

▼『生き方』

オリンピックに3回出場し、メキシコ五輪では銀メダルを獲得したマラソンランナー・君原《きみはら》健二の「紙一重の薄さも、重なれば本の厚さになる」という言葉があります。

決してエリートではなかった君原は、みんなでトラックを走る練習の際、インコースではなくアウトコースを走り続けました。1周6メートル余計に走ることになりますが、そんな「ほんの少し」の積み重ねが、無名のランナーをメダリストへと育て上げたのです。

京セラの歩みにも同じことが言えます。創業以来、稲盛和夫は今日という1日を懸命に生きてきましたが、その間、創意工夫を重ね、ほんの少しでも進歩しようと社員に言い続けています。それは稲盛によると「昨日の仕事の続きを1ミリでも、1センチでも前へ進める」という地道なものでしたが、そんな「今日1日の積み重ね」こそが今日の京セラへとつながっているのです。

目指す目標に一瀉千里《いっしゃせんり》に行く方法などありません。大きな夢を抱《いだ》きながらも「今日1日」を工夫しながら懸命に生き続けていけば、数年後、後ろを振り向くと随分と遠くに来たこと、高みに来ていることに気づくことができるはずです。

WORDS OF KAZUO INAMORI

12

「継続する力」こそ成功に
必要な「真の能力」なり

継続は平凡な人を非凡に変えるのです。

▼『君の思いは必ず実現する』

多くのプロ野球選手の卵を見てきたスカウトであれば、選手としての持って生まれた才能の有無はすぐに分かりますが、「努力する才能」は分からないといいます。せっかくの才能も努力を怠ると開花しないままに終わりますが、努力する才能があれば、最初はあまり目立たなかった選手でも、プロとして大成するのはよくあることです。

稲盛和夫は、これまで経営者として多くの人の採用に立ち会ってきました。会社の将来を背負ってくれそうな「できる人」も、能力は高くなく「真面目だけが取り柄の人」もいましたが、前者は早々に見切りをつけて辞めていき、後者だけが残ることが多かったといいます。最初はがっかりしましたが、10年、20年と経つうちに、残った人たちは高い能力を持つ「非凡な人」に成長したばかりか、人格も見識も備えた「立派なリーダー」になったのです。以来、稲盛はこう考えるようになりました。

「粘り強く続けることができる『継続する力』こそが、仕事を成功に導き、人生を価値あるものにする、『真の能力』なのです」

「継続する力」は、平凡に見えた人を非凡に変えていくのです。

WORDS OF KAZUO INAMORI

13

製品が語りかけてくるまで耳を傾けろ

じっと目を向け、耳を傾け、心を寄り添わせるうちに、私たちは初めて「製品が語りかけてくる声」を聞き、解決策を見出すことができる。

▼『生き方』

ものづくりの世界で「現地現物」や「現地現物現実」と言うのは、問題に直面した時、机上で考えているだけではダメで、現場に行って現物を見ながら考えてこそ答えが見つかることがほとんどだからです。

稲盛和夫が京セラを創業して間もない頃、ある製品を試作している時、実験炉の中で焼くと、試作品があっちに反ったりこっちに反ったりすることがありました。試行錯誤を繰り返すうちに反りの原因は突き止めたものの、どうすれば解決できるかが分かりませんでした。そこで、稲盛は炉にのぞき穴を開けて観察することにしました。

温度が上がるにつれてスルメをあぶる時のように反りかえっていく試作品を見て、稲盛は思わず手で押さえたくなったといいます。もちろんそんなことはできませんが、それがヒントになりました。手の代わりに、製品の上に耐火性の重しを乗せて焼いたところ、反りのない平らな製品が完成したのです。

答えは常に現場にあります。今の時代、分からないことがあるとすぐにパソコンやスマホに頼りがちですが、本当の答えは現場に行き、「製品が語りかけてくる声」に耳を傾けてこそ見えてくるのです。

WORDS OF KAZUO INAMORI

14

誰にも負けないくらい働こう

一生懸命に働くということ以上の経営のノウハウはない。

▼『誰にも負けない努力』

京セラを世界的企業に育て上げ、第二電電（現 KDDI）も成功させ、日本航空（JAL）の再建も成し遂げた稲盛和夫のもとには「経営の極意を教えてほしい」という依頼が後を絶ちません。

そんな若い経営者の要望に応える形で1983年に誕生したのが「盛和《せいわ》塾」です。当初は京都のみ、25名の会でしたが、日本から世界に広がり、2019年末の閉塾時には国内56塾、海外48塾、塾生数約15000名にまで拡大していたのを見ても、稲盛の話を聞きたいという経営者がいかに多かったかが現れています。

そんな若い経営者に稲盛がしばしば言うのが「仕事に心血を注ぎなさい。自分を犠牲にして、ひたすら会社と社員のために尽くす、そういう奉仕の精神がなければ経営者は務まりません」です。

「一生懸命に働いていますか？」と聞けば、ほとんどの人は「ええ、働いています」と答えます。では、「誰にも負けないような働きをしていますか？」と聞けばどうでしょうか。経営に限らず、人生で成功するためには才能や運、人の助けなどさまざまな要素がありますが、それ以前に「一生懸命に働く」ことこそが大切であり、それ以上の経営ノウハウはないというのが稲盛の考えです。

WORDS OF KAZUO INAMORI

第二章

人生は考え方次第で大きく変わる

WORDS OF KAZUO INAMORI

15

考え方を変えれば人生は180度変わる

人生・仕事の結果＝考え方×熱意×能力。

▼『生き方』

人生で成功するための「方程式」はさまざまな人が表していますが、稲盛和夫の「人生・仕事の結果＝考え方×熱意×能力」という方程式は「考え方を変えれば人生は１８０度変わる」ことを教えてくれるものです。

「熱意」は物事を成そうという情熱や努力する心を表し、「能力」は才能や知能、健康、運動神経などを指しています。どちらも０点から１００点までで評価して、かけ算をするので、能力があっても熱意に乏しい人と、能力は多少劣っていても熱意溢《あふ》れる人とでは、後者の方がより良い成果を上げることもできます。「熱意」は「能力」と違って自分の意志でコントロールできるので、何かをやる時にはは「熱意」の強さが大切になります。

さらに重要なのは「考え方」です。考え方はマイナス１００点からプラス１００点まであり、どんなに高い能力を持っている人でも、世の中を拗《す》ね、責任を他に転嫁《てんか》するマイナス思考をしていると、結果はマイナスになってしまいます。その一方で、明るく前向きにプラス思考で取り組む人は、すべてがプラスとなるのです。何かを成すためには、誰にも負けない熱意と、前向きな考え方を持ち続ける姿勢が何より大切なのです。

WORDS OF KAZUO INAMORI

16

ささやかな成功でも、自分をほめてあげよう

私はささやかな成功であっても、それを心の底から素直に喜ぶような明るい人生を送っていきたい。

▼『君の思いは必ず実現する』

「自分で自分をほめてあげたい」という有名な言葉があります。平凡な日々の中でも「今日は朝から、我ながらよくやった」など、「自分で自分をほめる」ことは、自己肯定感を高め、やる気を引き出すためにとても大切なことです。

松風《しょうふう》工業に入社して2年目、高校卒の助手と共にデータの測定をやっていた稲盛和夫は、予測通りの結果が出るたびに跳び上がって喜んでいました。そんな稲盛をいつも冷ややかな目で見ていた助手がある日、稲盛に「しょっちゅう大喜びするとは何と軽薄な人でしょう」と言ったところ、稲盛はその言葉にゾッとしてこう言いました。

「良い成果が出た時の感動は、私に新しい情熱を吹き込み、生きる勇気を与えてくれる。貧しい会社で研究に打ち込み、研究を続けていくには、感動こそが大事だ。君がいくら軽薄だと言っても、私はささやかな成功であっても、それを心の底から素直に喜ぶような明るい人生を送っていきたい」

たとえささやかな成功でも、心から素直に喜び、「我ながらよくやった」と自分で自分をほめれば良いのです。その喜びこそが、人生を明るく前向きに生きる力となるのです。

WORDS OF KAZUO INAMORI 17

自ら熱く燃える人になれ

物事を成そうとするには、
自ら燃える人間でなければならない。

▼『燃える闘魂』

稲盛和夫によると、ものに「不燃性」「可燃性」「自燃性」があるように、人間にも、火を近づけても燃えない「不燃性の人」、火を近づけると燃え上がる「可燃性の人」、自分からカッカと燃え上がる「自燃性の人」がいるといいます。

そして、何か物事を成し遂げようとする人は、強い情熱を持って突き進んでいくことのできる「自ら燃える人」であることが不可欠です。

反対に、周りがカッカと熱くなっているにもかかわらず、燃え上がらないどころか、冷水を浴びせる「不燃性の人」もいます。こうした人間は困りものだと稲盛は考えていました。

例えば、リーダーが「今年は売上を倍にしよう」とぶち上げた時、「可燃性の人」は「そうですね。やりましょう」と調子を合わせて一緒に熱くなりますが、いつも冷めている「不燃性の人」は「そんなことを言っても、今の景気では無理ですよ」などと「できない理由」を並べ立てます。これでは何も達成できません。

熱意は人から人に伝染するものです。周りに関係なく熱く燃えていれば、その熱意は周囲に伝わり、不燃性の人にさえも火をつけていくことができるのです。

WORDS OF KAZUO INAMORI

18

無理難題は
あえて引き受けろ

困難な要求を、
自分を伸ばしてくれる機会として、
ポジティブに受け取る。

▼『働き方』

「人間は自分で無理難題を出すことはない。けれど他人はやるんです。思いもつかない仕事をやれと言われたら、まず自分をそこに投げ込むことです」は、音楽家・坂本龍一の言葉です。社会では、無理難題を押しつけられることが少なくありません。それがパワハラなのか期待の表れなのかは難しいところですが、あえて無理難題に挑んでこそ自分を大きく飛躍させられるというのもたしかです。

京セラの初めての顧客は松下電子工業（現※Nuvoton）でしたが、仕事をもらえるありがたさの一方で、毎年の値下げ要求に応えるのは難しいことでした。同じように部品を納入している会社の中には「下請けイジメだ」と不平不満を口にするところもありましたが、稲盛和夫は「鍛えていただいている」と思って感謝しながら合理化を続け、値下げ要求に応え続けました。その努力があったからこそ、数年後、同社は海外からの注文にも応えられるようになったのです。

一方、無理難題に不平不満ばかりで努力を怠った会社は、やがて倒産などに追い込まれています。無理難題に恨《うら》み辛《つら》みを募らせるか、それとも「自分を鍛える機会」と捉えるかで、行きつく先は大きく変わってくるのです。

※Nuvoton…台湾の半導体メーカー。2020年にパナソニックの半導体事業を買収した

WORDS OF KAZUO INAMORI

19

不況こそ成長のチャンス

（不況の時）周囲が諦めている中で
孤軍奮闘《こぐんふんとう》、誰にも負けない努力を重ねれば、
それがのちに大きな差となって現れるのです。

▼『ど真剣に生きる』

景気は循環するものだけに、好況の時もあれば、不況の時もあります。そして、不況の時には「景気が悪いんだから今は耐えるしかない」と諦めムードで忍耐の日々を送る企業が少なくありません。しかし、稲盛和夫は「不況こそ会社を伸ばすチャンス」と考えていました。

　1973年秋に起きた第1次オイルショックでは、さすがの京セラも仕事量が激減しました。産業界では人員整理や一時帰休が広がりましたが、稲盛は「雇用を守る」ために3割に減った仕事に3割の人を充て、残りの7割の社員は現場から外して、工場内の整理整頓や清掃に充てました。さらに、雨の日には会議室で稲盛の経営哲学「京セラフィロソフィ」を学ばせ、技術開発や全社員での営業活動に励みました。辛《つら》い日々でしたが、ここでの頑張りが実を結び、景気回復後に大きく飛躍することができたのです。

　好況時には企業間の差はあまりつきませんが、不況の時に安易に人を切る企業とそうでない企業、諦めムードで何もしない企業と頑張る企業では、その後に大きな差が生まれます。危機を「自分を磨いてくれる砥石《といし》」と前向きに捉えられる人や企業にとっては、不況もまた成長のチャンスなのです。

WORDS OF KAZUO INAMORI

20

反省は必要だが、思い悩む必要はない

失敗を十分に反省をしたのであれば、後は忘れてしまうことです。

▼『働き方』

「失敗したからといって、くよくよしている暇はない」は、ホンダの創業者・本田宗一郎の言葉です。新しい挑戦には失敗がつきものです。にもかかわらず、謝る言葉を探したり、意気消沈していては前に進むことはできません。失敗にめげず、どんどん挑戦しろというのが本田の考え方でした。

稲盛和夫も「悩むことと反省は違う」と考えていました。何かに挑戦して失敗した時に、「ああすれば良かった、こうしておけば良かった」とくよくよ思い煩《わずら》う人がいますが、稲盛は「全力を尽くした」結果であれば、その必要はないと断言しています。もちろん「なぜ失敗したのか」を考え、反省することは必要ですが、いつまでも思い悩んでいては先へ進めなくなってしまいます。

十分に反省をしたら、次の目標を定めて、すぐに行動を起こします。二度と同じような失敗をすまいと心に誓うことは大事ですが、悔やんだり思い悩んだりしたところで「覆水盆《ふくすいぼん》に返らず」で、良いことは何もありません。

くよくよ悩む暇があれば、1歩でも前に踏み出すことです。そうすることで初めて「失敗は成功の母」となるのです。

WORDS OF KAZUO INAMORI

21

物事は善意で取り組んでこそうまくいく

物事というのは、
善意で考えるのと、悪意で考えるのとでは、
自ずからたどり着くところが違ってくる。

▼『生き方』

同じものでも見る方向や角度によって見え方が違う、というのは当たり前のことですが、稲盛和夫によると、物事も、善意で考えるか、悪意で考えるかで、大きな開きが出るといいます。

例えば、人と議論する時、「こいつはいつも生意気なことばかり言うから、一つやり込めてやろう」という姿勢でいると、相手の悪いところばかりを責め立てたり、相手の言うことすべてにケチをつけたりとケンカ腰になってしまい、そこから何か建設的な意見が生まれることはありません。反対に「この人も何とか問題を解決しようと一生懸命だから力になってやろう」と前向きな気持ちでいると、お互いに相手の話もよく聞くし、良い解決策が生まれやすくなります。

日米が抱えるさまざまな課題について率直に話し合う「日米21世紀委員会」の場で、稲盛が参加者に呼びかけたのは「相手の立場を尊重する姿勢」であり、「自分の意見だけに固執せず、相手の考えも十分に思いやる」気持ちで話し合おう、ということでした。

議論で相手を言い負かしたところで、問題が解決するわけではありません。物事は善意で取り組んでこそ良い結果を得ることができるのです。

WORDS OF KAZUO INAMORI

22

選択の基準となる「原理原則」を持て

生きることは判断の集積であり、決断の連続である。その判断や選択の基準となる原理原則を持っているかどうかが人生の様相をまったく異なったものにしてしまう。

▼『生き方』

「人生は選択の連続である」とよく言われます。その選択を積み重ねた結果が「今の私たち」ですが、岐路に立った時の「選択の仕方」は人それぞれです。

「思いついたプレーの中でいつも一番難しいものを選択することにしている」は、サッカーのイタリア代表として長く活躍し、「イタリアの至宝」と呼ばれたロベルト・バッジョの言葉ですが、スポーツでも仕事でも、いくつかある選択肢の中で一番たやすいものを選ぶか、困難なものを選ぶかで、その後の成長は大きく違ってくるものです。

稲盛和夫は、仕事においても、迷った時の道しるべとなる「生きた哲学」が欠かせないと考えていました。人生のさまざまな局面で、人は迷い、悩み、苦しみ、困惑するわけですが、その時に「生きた哲学」があれば、どの道を選べば良いかの判断基準となるからです。もしそれがないと、人生は行き当たりばったりのものになり、うまくいかないと「あの時に別の道を選んでおけば良かった」などと後悔することになりかねません。

大切なのは、人生でも経営でも、しっかりとした「原理原則」を持つことです。そうすることで、人生における「選択」の質は確実に向上するのです。

WORDS OF KAZUO INAMORI

23

「失敗する場所」があって人は育つ

（成功した）理由の1つは、失敗しても社員を咎《とが》めたりしないからでしょうか。

▼『成功への情熱』

仕事でもスポーツでも、若い人が成長していくためには「失敗する場所」が必要だとはよく言われることですが、成果主義が広まった今の時代、誰もが失敗を嫌い、挑戦をしなくなっているというのも事実です。

そこにあるのは「失敗したら評価が下がる」とか、「大きな失敗をしたら二度と立ち直れないのでは」といった恐怖ですが、稲盛和夫は「社員が、会社のためにあえてチャレンジした結果、もし失敗し、会社に多大な損害をかけることになっても、いかなる罰も与えません」と言い切っています。理由は、失敗しても

社員を咎めなかったからこそ、今日の成功があると確信しているからです。

もちろん稲盛も、仕事を甘く見た、準備不足の失敗には容赦しませんが、そうではない新しい挑戦に関しては、失敗しても咎めず、むしろ「失敗した後すぐに、次のチャンスを与える」こともあるというくらい徹底しています。

あるアスリートが「『勝利か敗北か』ではなく『勝利か学びか』」だと話していましたが、たしかに、人は失敗からもたくさんのことを学ぶことができるのです。その失敗を生かしてこそ、人も企業も大きく成長できるのです。

WORDS OF KAZUO INAMORI 24

商売は「手腕」が9割

良い商売、悪い商売があるのではなく、それを成功に導けるかどうかなのである。

▼『実学』

いつの時代でも、時代の先端をいく華やかな業界もあれば、そうでない業界もあります。最近であれば「GAFA」と呼ばれる巨大IT企業の隆盛を見て、IT業界に憧れる人は少なくありませんが、こうした光の当たる業界の一方に、昔ながらの商売を続けて着実に成長している企業があるのも事実です。

稲盛和夫は、こうした会社について、「世の中で決して目立つ存在ではない。だが、平凡な仕事を立派な事業にしている会社こそ、実は非凡な会社なのである」と高く評価しています。

稲盛は、経営者を育てるには「夜鳴きうどんの屋台を引かせてみるのが一番」といいます。小さな商売ですが、仕入れや味つけ、値決めなどを工夫する人と、工夫せず漫然と商売をする人とでは、1日の差はわずかでも、何年も経つと大きな差になります。一方は屋台からチェーン店に発展するかもしれませんし、もう一方はダメになるかもしれません。

商売に割りの良い商売と悪い商売があるわけではありません。違いはそれを成功に導ける手腕があるかなのです。華やかな業界や会社に憧れる前に、今、自分がやるべきことを全力でやってみることが、何より大切なのです。

WORDS OF KAZUO INAMORI

25

情熱は「自分は正しい」という確信から生まれる

動機は善なりや、私心はなかりしか。

▼『君の思いは必ず実現する』

通信事業への参入やＪＡＬの再建など、難しい決断をしなければならない時、稲盛和夫がいつも自らに問うのが「動機は善なりや、私心はなかりしか」です。

巨人ＮＴＴを相手に「新参者」の京セラが勝負を挑むのは、あまりに無謀なことでしたが、それでも挑戦したのは日本の長距離通信料金の高さを何とか是正したいという「正しい動機」からでした。

また、稲盛はこの時、「自分の懐を潤《うるお》すためではないか？」「目立ちたいというスタンドプレーではないか？」と何度も自分の心に問いかけ、「私心」がないことを確かめたうえで参入を決断していま す。実際、稲盛は個人では株を持たず、創業者利益も手にしていません。

同様にＪＡＬの再建に関しても、「動機は善なりや、私心はなかりしか」と何度も問いかけたうえで「ＪＡＬを再建することが、日本経済の再生にもつながる」という思いから仕事を受けました。

なぜ稲盛はこれほど「動機」と「私心の有無」にこだわるのでしょうか？ 理由は、大事を成し遂げるには強い情熱が不可欠で、その情熱は、「金持ちになりたい」などの邪《よこしま》な動機ではなく「自分は正しい」という確信からしか生まれないと信じているからです。

WORDS OF KAZUO INAMORI

26

才能を私物化するな

もし自分に才能が与えられているなら、
それは従業員のため、お客さまのため、
そして社会のために使わなくてはならない。

▼『「成功」と「失敗」の法則』

「持てる者の義務」はよく言われることですが、稲盛和夫は自ら築き上げた資産を社会貢献のために惜しみなく使っているように、「経営の才能」についても私物化することなく、社員のため、お客さまのため、そして社会のために使わなければならないと考えています。

もし、成功を「自分の才能のお陰」と考えてしまうと、自分が稼いだお金を自分の贅沢《ぜいたく》のためだけに使っても気になりませんし、会社も自分が築き上げたものですから、自分の好きにして良いということになります。

こうした考え方を稲盛は「才能の私物化」と厳しく批判しています。稲盛自身、京セラは自分がつくり、寝食を忘れて経営してきた会社なのだから、自分はもっと高く評価されて良いし、待遇ももっと良くていい、という気持ちが頭をよぎったこともあるといいます。けれども、しばらくして「天が自分に経営の才を授けてくれた」ことに気付いたといいます。

こうして稲盛が、与えられた才能は「自分のため」ではなく、「世のため人のため」に使わなければならないと自覚したことが、その後の京セラのさらなる発展につながったのです。せっかくの才能を、生かすも殺すも、考え方次第なのです。

WORDS OF KAZUO INAMORI

27

動機が正しければ絶対に負けない

京セラには創業以来、積み立ててきた手持ち資金が1500億円ある。このうち、1000億円使わせてほしい。

▼『君の思いは必ず実現する』

稲盛和夫がＪＡＬ再建という難題を引き受けた理由の1つに「反独占」があります。1984年に通信事業へ参入したのも、電電公社（現 ＮＴＴ）の市場独占で生じていた高すぎる長距離電話料金への不満が背景にありました。

当時、日本政府は長らく独占状態にあった通信市場の門戸開放を決めますが、巨人ＮＴＴを相手に戦いを挑む企業は現れませんでした。「誰もやらないなら、自分がやる」と決意した稲盛は、京セラ本社で臨時の役員会を開き、通信事業参入のために1000億円を使うことの了承を得ています。「京セラのため」ではなく「社会のため」に使うという驚くべき決断です。

稲盛の覚悟に、ソニーの創業者・盛田昭夫たちも賛同し、1984年に第二電電（現 ＫＤＤＩ）が誕生しました。その後、ＪＲや日本道路公団、トヨタなども相次いで参入を表明、第二電電は一時は泡沫《ほうまつ》扱いされましたが、「動機が正しいのだから負けるはずがない」という稲盛の熱意に引っ張られるようにして成長、93年にライバルのトップを切って株式上場を果たしました。

この経営力を支えたものこそが、稲盛の「正しい動機」だったのです。

第三章

人格を磨き続けろ

WORDS OF KAZUO INAMORI

WORDS OF KAZUO INAMORI 28

一日に一度は自らの言動を反省せよ

反省のある毎日を送る。

▼『活きる力』

朝や夜、鏡に映る自分に向かって自問自答をすることで、充実した人生につなげた人は少なくありません。稲盛和夫も、若い頃から「誰にも負けない努力をする」と同時に、「反省する」ことを毎日繰り返してきました。

稲盛によると、若い時には傲慢《ごうまん》になることもあり、それを抑えるために日課のように反省を繰り返してきました。例えば洗顔時など、鏡に映る自分にこう問いかけました。

「今日は、人に不愉快な思いをさせなかっただろうか？」

「不親切ではなかっただろうか？」

「私だけが良ければよい、というような言動はなかっただろうか？」

こうやって毎日その日を振り返り、納得できない言動があった時には、「けしからん」とか「ばかもん」と自分で自分を叱り、「ごめん」という反省の言葉を口にしました。自分の言動に、反省するべきことが少しでもあれば、すぐに改めなければなりませんし、反省を日々繰り返すことで、人格も磨かれていくのです。

人生を悔いがなく、実りのあるものにするためには、「反省のある毎日」が不可欠なのです。そして、これは「今日からすぐにできる」ことなのです。

WORDS OF KAZUO INAMORI 29

才覚のある人ほど「ふさわしい人格」を磨け

成功したのもその人なら、
同じ人が没落の引き金を引くんです。

▼『誰にも負けない努力』

１代で企業を急成長させ、「時代の寵《ちょう》児《じ》」ともてはやされた経営者が、数十年後に、自ら育て上げた企業を没落へと導いてしまうことがよくあります。かつて時代をリードした事業は時代遅れとなり、優秀だったはずの経営者は、周りにイエスマンばかりが集まった、愚かなワンマン経営者と化してしまいます。こんな経営者を、稲盛和夫はこう評しています。

「成功したのもその人なら、同じ人が没落の引き金を引くんです」

稲盛によると、商売で成功するためには「才覚が欠かせません」が、才覚のある人ほど、それにふさわしい人格を磨くことが重要で、もしそれを怠ってしまうと「せっかくの才覚が、とんでもないことをしでかす」ことになるのです。

ベンチャーの起業家であれ、老舗《しにせ》企業の中興の祖であれ、大きな成功をもたらした以上、その経営者に並外れた才覚があったのはたしかです。ところが、往々にして成功して考え方が変節し、お金に執着したり、名誉欲に溺《おぼ》れたり、権力の維持に躍起《やっき》になるにつれ、その判断は狂い始め、最終的に没落の引き金を引くことになるのです。才能溢《あふ》れる人ほど、「それにふさわしい人格」を備えるべく努力し続けることが何より大切なのです。

WORDS
OF
KAZUO
INAMORI
30

知識を見識に、見識を胆識に

知識を1本筋の通った信念になった見識まで高めることが大事だ。見識をさらに胆識《たんしき》にする必要がある。

▼『稲盛和夫の哲学』

多くの政治家や財界人から「心の師」と仰がれた、元号「平成」の発案者とされる思想家・安岡正篤《まさひろ》によると、人間性を磨くためには「知識、見識、胆識」を3段階で高めていく必要があります。

稲盛和夫によると、学びの出発点となるのは「知識」ですが、調べればすぐに分かることまで詰め込んでも、単なる物知りにしかなりません。大事なのは「知識を1本筋の通った信念になった見識まで高めること」です。単に知識を詰め込むだけではダメで、経験や考察を通して「知っているだけ」の知識を「見識」に高めることが求められます。

しかし、ここで止まってしまうと、ただの「評論家」になりかねません。人生でもビジネスでも、求められるのは「実行力」ですが、実際に物事を前に進めようとすると、周囲の反対などを理由に「言うだけ」で終わることがよくあります。

ここで求められるのが、困難な事態にぶつかった時、抵抗を排除して、自らの信念を断固として実行に移す力「胆識」です。

世の中で成功するのは、知識がある人ではなく実行力のある人です。何かを成すためには、自分を鼓舞し、勇気を奮《ふる》い起こし、実行する胆識が不可欠なのです。

WORDS OF KAZUO INAMORI

31

富は「社会からの預かり物」である

私が頂戴した富は、稲盛和夫という男が社会から預からせていただいたものだ。なるべく早い時期に、社会に還元していこう。

▼『ど真剣に生きる』

アメリカには、成功して得た多くの富を慈善活動に投じたアンドリュー・カーネギー以来の「富は社会からの預かり物」という考え方がありますが、稲盛和夫もある出来事をきっかけに手にした富の社会への還元に力を入れ始めています。

1981年、「電子工業へのニューセラミックス発展の寄与」という理由で「伴《ばん》記念賞」を受賞した稲盛は、「自分は賞をもらうのではなく、あげる立場に回るべきだ」と感じます。京セラを創業して大成功を収め、「お金持ち」になった稲盛は、もちろん凄《すさ》まじい努力をしたという自負はありましたが、同時に1人ではここまでの成功はできなかったとも感じ、これほど成功したのは巡り合わせで、自分の富は「社会から預からせていただいたもの」だと考えたのです。

そこで稲盛は、親しい京大の先生たちと相談し、京セラの株式と現金を合わせた約200億円を拠出して「稲盛財団」を設立し、先端技術、基礎科学、思想・芸術の3部門を対象とした「京都賞」を創設、ノーベル賞を受賞する前の医学者・山中伸弥など、世界各国の学者や文化人に賞を贈っています。富を「社会からの預かり物」と考えれば、社会のために惜しみなく使うことができるのです。

WORDS OF KAZUO INAMORI

32

「人間として恥ずべきところはないか」と問い続けろ

リーダーと呼ばれる人々は、自らの言動が「人間として恥ずべきところが少しでもないか」と常に厳しく自問していくべきではないでしょうか。

▼『「成功」と「失敗」の法則』

創業から順調に成長してきた企業が不振に陥る原因の1つが、経営者の「価値観」の変化です。創業以来、「凄《すご》いものをつくる」ことで成長した企業が、成功し、大きくなったのに、「いかに儲けるか」ばかりを追うようになった結果、その会社から「凄いもの」が生まれなくなり、停滞し始める、というのはよくあることです。

稲盛和夫によると、経営のノウハウを学び、経験を重ねていくに従って、「儲かるかどうか」を判断基準としたり、うまく妥協したり、根回しをする術を覚え、少しでも楽をしようとしたり、合理性や効率性のみを追求し、創業期の理念から離れたりする経営者が出てきます。あるいは「会社を守り成長するためには、経営理念からは外れるけれども、それも仕方がない」と考える経営者も出てきます。

稲盛は、こうしたリーダーがはびこると、「正しいことを追求する」ことができなくなり、「今だけ、金だけ、自分だけ」を考える組織になると断じています。

リーダーに必要なのは「人間として恥ずべきところが少しでもないか？」と自らに問うことであり、「正しいこと」を追求することで、初めて企業は成長し、健全な社会が築かれていくのです。

WORDS OF KAZUO INAMORI

33

哲学や人生観を持って仕事に打ち込め

性格という先天性のものに哲学という後天性のものを付け加えていくことにより、私たちの人格は陶冶《とうや》されていく。

▼『生き方』

稲盛和夫は後年、「経営の神様」として多くの人の尊敬を集めるわけですが、もちろん最初から「経営の神様」であったわけではありません。子どもの頃はガキ大将としてならし、中学受験や大学受験でも、就職でも「自分がこういう方向に進もうと思ったことで、まともにうまくいったことは一度もありません」というほどの、失敗の連続です。

　大学時代に空手部に入っており、腕っぷしに自信があったことから、一時は「大学を卒業したインテリヤクザ」になろうかと考えたほどですから、まさに挫折続きの青春時代だったわけですが、松《しょう》風《ふう》工業時代に「不平不満を並べて逃げ場を求めてさまようのではなく、自分の仕事を好きになり、一心不乱に取り組む」ことの大切さを確信したことで、人生が好転していくようになったのです。

　持って生まれた性格や能力は人それぞれです。どれほど優れたものを持って生まれたとしても、人としての哲学が未熟なら、その才能を生かすことはできません。確固たる哲学や人生観を持って仕事に打ち込むことができれば、最初は平凡な人間であっても、やがては素晴らしい成果を上げ、周りから尊敬される人格者となることができるのです。

WORDS OF KAZUO INAMORI

第四章

諦めるな、人はどこまでも行ける

WORDS OF KAZUO INAMORI

34

「伸びしろ」を信じて挑戦せよ

「能力を未来進行形で捉える」ことができる者が、困難な仕事を成功へと導くことができる。

▼『アメーバ経営』

京セラの創業期、稲盛和夫は何とか受注を増やしたいという一心で、技術的に難しいのではと思える製品の依頼を積極的に受けていました。

先発の大手セラミックメーカーがたくさんあるので、簡単にできる製品なら、それら大手が受注するに決まっています。京セラのような無名の新興企業に来るのは、大手が「難しいから」と断った仕事しかありません。大手でさえ難しいわけですから、当時の京セラにとっては非常に難しい仕事ですが、稲盛は「今の自分にはできないが、将来の自分には必ずできると信じて、限界まで粘って難題をクリアしよう」と言い続けることで、「難しい」と言われた製品の開発に成功しています。その繰り返しこそが、京セラを成長させたのです。

今の自分の能力だけを見て、「できる」「できない」を決めてしまっては、新しい挑戦などできないし、高い目標を実現することもできません。また、もし挑戦がなければ、手持ちの技術や知識は間違いなく時代遅れになってしまいます。

今の自分には「できない」けれども、勉強し、努力することで「できる」ようになってみせる、という思いこそ人や企業を大きく成長させていくのです。

WORDS OF KAZUO INAMORI

35

「楽観」と「悲観」を使い分けろ

楽観的に構想し、
悲観的に計画し、
楽観的に実行する。

▼『生き方』

京セラの創業以来、稲盛和夫は多くの人が「不可能」と考えるようなことに挑戦してきました。稲盛によると、そんな挑戦を可能にする秘訣は「楽観的に構想し、悲観的に計画し、楽観的に実行する」ことにあります。

新しいアイデアを思いついた時、悲観的な人に相談すると、どんな良い発想も、冷や水を浴びせられて、しぼんでしまいます。そこで稲盛は、少しおっちょこちょいで、自分の意見に「面白い」と言ってくれる人たちに話すようにしたのです。構想段階では、それくらい楽観的な方がうまくいくというのです。

ただし、その構想を具体的な計画に落とし込む時は、失敗のリスクを考慮するため、悲観論に立って、慎重かつ緻密《ちみつ》な計画を練り上げます。そしてその計画を実行する時には、再び楽観論に戻り、大胆かつ思い切った行動をするようにします。

このように、アイデアを練る時と実行する時は楽観的に、しかし計画する時は悲観的にやる、というバランスをとってこそ、新しい挑戦はうまくいく、というのが稲盛の経験からの言葉です。大胆さがなければ挑戦はできませんが、緻密さを欠くとただの蛮勇《ばんゆう》になるのです。

WORDS OF KAZUO INAMORI 36

真の成功は「もう無理だ」の先にある

「もう無理だ」と思った時点を終点とせず、
仕事の再スタート地点と考え、
成功するまでは絶対に諦めない粘り強さを。

▼『働き方』

京セラを創業して十数年経った頃、注目企業の経営者として稲盛和夫がある大企業の研究者を前に講演をした時のことです。質疑応答で「京セラの研究開発の成功率は？」と聞かれ、稲盛が「100％」と答えたところ、「そんなバカなことはあり得ない」と言われました。稲盛が「京セラでは、研究開発は成功するまでやり続けますので、失敗に終わるということがないのです」と理由を説明すると、失笑がもれたといいます。

一流大学卒の研究者が何百人もいる企業にできないことが、新興の京セラにできるはずがない、という見くびった笑いでした。しかし、ここにこそ京セラとそれ以外の企業の差があったのです。稲盛によると、不成功者は人並みの努力はするものの、そこで結果が出ないと諦めてしまうのに対し、成功者はそこを「仕事の再スタート地点」として、成功を手にするまで諦めずに努力を続けるので、最終的に成功できるというのです。

研究開発や新しい挑戦が一度でうまくいくことは、まずありません。たいてい最初は失敗をしますが、失敗した時に「もうダメだ」と努力を放棄するか、「まだまだ」と努力できるかが、成功者と不成功者を分けていくのです。

WORDS OF KAZUO INAMORI 37

目標は「やり切って」こそ意味がある

逃げてきてみぃ。
俺は機関銃を持ってきて、
後ろからお前を撃ってやる。

▼『誰にも負けない努力』

稲盛和夫は「京セラの研究開発の成功率は100%」と言い切るほど、一旦掲げた目標は何が何でも完遂《かんすい》するという意志の強さを持っています。それは事業計画でも同様で、目標が達成できない時、「景気も悪いし、みんなも一生懸命に頑張ってくれているのだから、しょうがないではないか」などと言っているようでは、課でも部でも絶対に強くはならないと言っています。ある会議の席で、目標が達成できない社員にこう言いました。

「逃げてきてみい。俺は機関銃を持ってきて、後ろからお前を撃ってやる。どうせ後ろに逃げてきても死ぬんだから、死ぬくらいの気迫で前へ進め」

まさに新選組の「鬼の副長」と呼ばれた土方歳三《ひじかたとしぞう》並みの迫力ですが、稲盛がここまで言うのには理由があります。「一度目標を立ててダメ、次もダメ、ということを何回か繰り返したら、もうその組織はダメになる」からです。勝つ要領を知らない、負け癖のついた集団は、決して勝てるようにはなりません。そうならないためには、リーダーに「掲げた目標は絶対にやり切る」という闘争心やガッツ、強い意志力が欠かせません。リーダーには柔軟性も必要ですが、絶対に妥協してはならない時もあるのです。

WORDS OF KAZUO INAMORI 38

無理なほどの目標を掲げろ

もし2倍が難しいと思うなら、4倍という目標を掲げなさい。

▼『誰にも負けない努力』

野心的な目標を掲げて果敢に挑戦することを「星に向かってストレッチする」と言ったのは、GEの伝説のCEOジャック・ウェルチです。かつてGEでは、本社と事業責任者がそれぞれの目標数字を主張した挙句に、間の数字をとって妥協することがよくありました。こうしたやり方を、ウェルチは「夢を諦め、合意を優先しただけ」と批判、能力一杯の努力をしても届かないのでは、というほどの大目標を掲げさせるようにしました。

稲盛和夫が掲げる目標は、さらに大きなものでした。京セラの各販売店が集まった席上、稲盛は「売上を倍増する」と言いました。それは、京セラでは「未だかつてない」目標でした。中には「倍増くらい、この調子でやれば軽く行けるぞ」と言う人もいましたが、当然、「これは難しいぞ」と弱気の人もいました。

そんな人たちに稲盛は「もし2倍が難しいと思うなら、4倍という目標を掲げなさい。4倍にチャレンジしていれば、半分くらいはいくでしょう」と言いました。掲げるなら「前年比5%アップ」のような小さな目標ではなく、「できるのか?」というほどの大きな目標を掲げるべきです。それに挑戦することで、普通ではできないこともできるようになるのです。

WORDS OF KAZUO INAMORI

39

目標を立てたら思い切って口にしよう

西ノ京原町で一番の会社になろう。…中京区で一番…次は京都で一番。京都で一番が実現したら、日本一になろう。日本一になったら、もちろん世界一だ。

▼『働き方』

ホンダの創業者・本田宗一郎が社員50人の頃から「日本一になるなどと思うな。世界一になるんだ」と大きな夢を口にしていたのはよく知られていますが、稲盛和夫も社員数28人で京セラを創業した1959年4月1日、同じ西ノ京原町にあった宮木電機の倉庫を借りて行った創業式典の夜、「世界一になる」という目標をぶち上げています。

できたばかりの企業にとって、それはあまりに遠い目標でした。中京区には歴史ある島津製作所があり、中京区で一番になることとさえ、社員の中には「あそこより大きくなれるはずがないでしょう」と揶揄《やゆ》する者がいるほどの大目標でしたが、それでも稲盛は「いや、いずれそんな大企業など問題にならないくらい京セラを大きくしてみせる」と言い続けました。「日本一になる」と思うことにお金はいりません。しかし、思わなければ、口にしなければ、夢に近づくことはないのです。折に触れて「日本一、世界一」と唱えるうちに、みんなが信じるようになったのです。

目標を立てたら、たとえ笑われても堂々と口にした方が良いのです。それが自分や周りを奮《ふる》い立たせ、目標を達成する力となるのです。

WORDS OF KAZUO INAMORI

40

「不言実行」より「有言実行」であれ

公言すると引っ込みがつかなくなる。
その引っ込みがつかなくなるところに、
敢えて自分を追い込むのである。

▼『燃える闘魂』

日本人は「有言実行」よりも「不言実行」を好むところがあります。一昔前に「男は黙って」というCMがありましたが、「黙して語らずとも、やる時にはやる」というイメージでしょうか。ただし、「やる時にはやる」なら良いのですが、中には「できなかったら恥ずかしいから」という消極的な理由で目標などを口にしない人もいます。

こうした姿勢に対し、稲盛和夫は「不言実行というのはインチキができる」と断じています。たしかに、年初に「売上はいくら、利益はいくらを目指す」と言ってしまうと、できなかった時には「申し訳ありません」と言わなければなりませんが、目標を明言していなければ、結果はどうあれ「よく頑張った」と言うことができます。こんな甘い姿勢ではダメだ、と稲盛はいうのです。

企業経営では、トップは「こうしたい」と公言します。口にした以上は、絶対にやらなければなりません。そういう引っ込みのつかないところに自分を追い込んで、目標達成に全力を尽くします。それでもダメなら潔《いさぎよ》くお詫びをします。こうした率直な態度こそが、みんなのやる気をかき立てるし、会社自体を「有言実行型」に変えていくことになるのです。

WORDS OF KAZUO INAMORI

41

「努力」とはよく考えることだ

努力というのは、ただがむしゃらに働くことではなく、自分の描いた目標を達成するためにはどういう方法があるのか、どういうことをやれば良いのかを一生懸命考えることです。

▼『誰にも負けない努力』

「努力は裏切らない」と言いますが、どんなに努力をしても思うような成果が出ない人もいます。その理由は、努力には「正しい努力」と「間違った努力」があり、後者をいくら続けても成果は出ないからだ、と野村克也は言います。

稲盛和夫も同様に、「努力というのは、ただがむしゃらに働くことではない」と言い切っています。大切なのは、目標を達成するための良い方法が浮かんだら、まず実行することです。たいていは、思った通りにはいきません。すると、また考えて、また実行します。これを何度も繰り返すうちに、より良いアイデアが浮かび、やがて目標に到達できるというのが稲盛の言う「努力」です。

その過程では「もうダメではないか」と弱気になることもありますが、そんな弱気を吹っ切って、「いや、きっとできる」と信じて何をやれば良いかをさらに考え、実行することを繰り返すことこそが「本当の努力」であり、そのような努力を怠らない人が初めて成功を手にできるのです。

努力は、ただ頑張れば良いというものではありません。悩み、考え、実行することを、とことん続けてこそ、「努力した」ことになるのです。

WORDS OF KAZUO INAMORI 42

夢を描いたら「見える」まで考え抜け

「見えるまで考え抜く」ことが大切です。

▼『働き方』

「ポラロイドカメラがどういうものか、私には分かっていました。まるで開発する前から目の前にあったみたいに」と、ポラロイドカメラを発明したエドウィン・ランドは語っています。まだ製品はできていなくても、「どんな製品をつくれば良いのか」がはっきりと「見えていた」からこそ発明できたという意味です。

稲盛和夫が創業した第二電電（現KDDI）が携帯電話事業（現在のau）を始める時、稲盛自身は「これからは携帯電話の時代がやってくる」と確信していましたが、その言葉を信じる人はほとんどいませんでした。にもかかわらず、なぜ稲盛が確信を持って言うことができたかというと、携帯電話がどのようなスピードで普及するか、どんな値段や大きさで市場に流通するかが「くっきりと見えていた」からというのです。

ただの予言でもホラでもありません。稲盛は、京セラが手がけている半導体部品事業を通して技術の未来を正確に予測し、携帯電話について考え抜くことで「基本料金はいくら」「通話料はいくら」が見えたのです。

夢を描いたら、四六時中考え尽くします。「見える」ところまで考え抜ければ、その夢は必ず実現できるのです。

WORDS OF KAZUO INAMORI

43

「冒険心の強い素人」になれ

「創造」というものは、
「素人」がするもので、
「専門家」がするものではない。

▼『働き方』

イノベーションというのは、業界の外からやってくることがしばしばです。アマゾンを創業する前、ジェフ・ベゾスは、未知の分野である書店経営について学ぶために、入門講座に参加しています。その際、「ネットで本を売る」という話をしたところ、周囲の反応は「コンピュータ・オタクさん、どうぞご勝手に」という冷ややかなものでした。しかし、本の世界が激変したのは、それからほんの数年後のことでした。書店業界では当たり前のことも、素人のベゾスには矛盾だらけに見え、そこにオンライン書店の可能性を見つけたのです。

稲盛和夫によると、新しいことができるのは、何ものにもとらわれない、冒険心の強い「素人」であり、その分野で経験を重ね、前例や常識をよく知る「専門家」ではありません。実際、稲盛も大学での専攻は有機化学であり、無機化学であるファインセラミックスの専門家ではありませんでしたが、だからこそ既成の概念にとらわれない「自由な発想」ができたのです。

専門知識は必要ですが、「白紙になってものを見ろ」と言われるように、時に知識や常識、経験が邪魔になることもあると知ることも大切なことなのです。

WORDS OF KAZUO INAMORI

44

不屈の闘志で「思い」を現実のものにしろ

人間の行動は、
まず心に「思う」ことから始まる。

▼『活きる力』

稲盛和夫によると、京セラも、KDDIも、JALも、初めから成功を確信していたわけではなく、最初は「思い」にすぎなかったものが、その「思い」を何とか実現しようと努力を続けることで実現したものばかりだといいます。

世間ではしばしば若い人に対し、「思いつきでものを言うな」と言いますが、「思いつき」こそが発見や発明の原動力となる、というのが稲盛の考え方です。

ロケット開発や電気自動車で世界をリードするイーロン・マスクが「世界を救う」ために再生可能エネルギーや他の惑星への移住などを考え始めたのは高校生の頃です。普通は単なる夢物語として終わるところを、マスクはたった1人で南アフリカからアメリカに移住、いくつかの会社をつくって成功させて得た資金をもとに、スペースXやテスラ・モーターズを創業、苦難の時代を経て今日の成功を手にしています。まさに、稲盛の言う「思い」を不屈の闘志で現実のものにしようとしているのです。

人間の行動は、まず心に「思う」ことから始まります。大切なのは「思い」を「できっこないよ」と諦めることなく、抱《いだ》き続け、形にしようと努力し続けることなのです。

WORDS OF KAZUO INAMORI

45

未来はこれからの努力で変えられる

今日の成果は過去の努力の結果であり、未来はこれからの努力で決まる。

▼『稲盛和夫の「仕事学」』

稲盛和夫は、経営においては好況の時にしっかりと利益をあげ、税金を払い、内部留保を持つことで、不況の時にも余裕をもった経営ができる、ということを説いています。言わば、好況にしろ、不況にしろ、過去のしっかりとした蓄積があってこそ、今があるという考え方です。

人生にも同じことが言えます。良い大学に入ることも、良い会社に入ることも、それを可能にしたのは「過去の努力」です。それ自体は素晴らしいことですが、かといって「過去の栄光」にあぐらをかいていつまでも生きていけるほど、人生は甘いものではありません。

かつて稲盛は、京セラの入社式で新入社員に対して、「世のため人のために尽くすのが人生の目的なんだ」と説いたうえで、「謙虚にしておごらず、今日の成果は過去の努力の結果であり、未来はこれからの努力で決まる、と自分に言い聞かせなさい」と話しています。

稲盛は進学でも就職でも、思い通りのところに進めませんでしたが、そこで考え方を変え、努力することで未来を切り開いています。「今日の成果」が最高だからとおごらず、最悪だからと嘆くことなく、未来を信じて懸命の努力をすることで、未来は輝かしいものになるのです。

WORDS OF KAZUO INAMORI

46

ブームに乗るな、ブームをつくり出せ

次にやりたいことは、私たちには決してできないと人から言われたものだ。

▼『働き方』

成功者を見る時、人はどうしても華やかな結果ばかりを見て、そこに至る苦労を見ない傾向があります。稲盛和夫の成功はとても華やかだっただけに、「京セラの成功は、セラミックスが時流に乗ったから」で「成功はラッキーだった」と揶揄《やゆ》する人もいましたが、そうした声に対して、稲盛は「セラミックスというブームをつくったのだ」という自負を持っています。

実際、稲盛は松風《しょうふう》工業時代にフォルステライトという新しいファインセラミックスの合成に成功していますが、それは日本初、世界でもGEに次ぐ快挙でした。

京セラ創業後、IBMからIC用のサブストレート（基板）を大量に受注していますが、それは京セラが零細企業でも高い技術力を持っていると評価されてのことでした。稲盛がいなかったら、世界的なセラミックスブームはなかっただろう、というのが世界の評価なのです。

稲盛が目指したのは「誰もが考えつき、実際に通る常識的な道」ではなく、「人が通らない、ぬかるみの道」でした。その道を、誰にも負けない努力によって切り開いてきたのが、今の京セラであり、稲盛なのです。ブームは後から乗っかるものではなく、自らつくり出すものなのです。

WORDS OF KAZUO INAMORI

第五章

リーダーのあり方とは

WORDS OF KAZUO INAMORI

47

誰よりも熱く語れ、その熱意が部下を動かす

リーダーという存在は相手が聞く耳を持っていようと持っていまいと、自分の信ずるところを諄々《じゅんじゅん》と部下に説いていき、心から納得させなくてはならない。

▼『賢く生きるより辛抱強いバカになれ』

新しく管理職になった人が勘違いしがちなのが、「部下は上司の指示通りに動いてくれる」です。たしかに、部下が完全に上司の指示を無視することは滅多にありませんが、かといって、指示さえすれば思い通りに動いてくれるわけではありません。人を動かすには権力や権限だけでなく、理解や納得、信頼も欠かせないものなのです。

稲盛和夫は京セラを創業して以来、自らの信じるところをあらゆる機会を通して社員に話し続けています。その姿勢はJALの再建でも変わることはなく、幹部や職場のリーダーたちに1日3時間の研修を何度も行い、現場でも語り続けました。すると、最初は聞く耳を持たなかった社員も徐々に「なるほどそうかもしれない」と思うようになり、やがてオセロの石をひっくり返すように「自分たちの会社なのだから全力を尽くそう」とみんなが思うようになっていったのです。稲盛は、それがわずか3年での再建につながったといいます。

コミュニケーションは質と量で決まります。リーダーは信じるところを根気よく説き続けることが必要です。そうすることで初めて、部下はリーダーを信じて全力を尽くすようになるのです。

WORDS OF KAZUO INAMORI 48

リーダーは「仕事の意義」を説き続けろ

ただ単に言われたからやるのではなく、働く一人ひとりが仕事の意義を理解し、自らやる気になってくれなければ、成果は上がらない。

▼『ど真剣に生きる』

自分のやっている仕事の意義をどう捉えるかで仕事への取り組み方は大きく変わってきます。稲盛和夫が松風《しょうふう》工業に入社して取り組んだセラミックスの開発は「毎日が粉との格闘、全身粉まみれ、泥まみれ、汗まみれの肉体労働」に近いものがありました。

稲盛自身、「大学を出てまさか粉と格闘するとは」と落胆しましたし、助手たちのやる気も低いものでした。しかし、しばらくして「実践なくして、セラミックスの本質は分からない。このような地道な研究こそが真の学問であり、素晴らしい製品を世に送り出すためにも不可欠なのだ」と考えるようになり、それを助手たちにも説き続けることで大きな成果へとつなげていきました。

以来稲盛は、製品の量産化に取り組む社員にも、素晴らしい製品をつくる意義を説くことでみんなの心を1つにしています。仕事が辛《つら》いとか、給料などが安いと、人は「誇り」を失い、自分の仕事が嫌になりがちですが、そんな時、どんな仕事にも「高邁《こうまい》な意義」があることを伝え、社員に「誇り」を持たせるのもリーダーの大切な役割です。自分の仕事の「意義」を正しく理解することこそ、成果、そして成長へとつながっていくのです。

WORDS OF KAZUO INAMORI

49

リーダーは「自分」より「仲間」を優先しろ

まず仲間によくしてあげようと思わなければ、誰もついてこない。

▼『賢く生きるより辛抱強いバカになれ』

子ども時代の仲間内の遊びを通して人生の教訓を得る、というのは珍しいことではありません。稲盛和夫は小学校の頃、近所の子どもたち7、8人のガキ大将でした。戦前のことだけに、戦争ごっこで仲間を敵と味方に分け、役割を決めるなど、早くもリーダーシップを発揮していましたが、仲間たちが稲盛の言うことに従ったのには、理由がありました。

遊んだ後、稲盛が仲間を連れて家に帰ると、母親がたくさんの柿やふかし芋を用意してくれていましたが、稲盛は最初に仲間たちに食べさせて、残ったものを自分が食べていました。「まず仲間によくしてあげようと思わなければ、誰もついてこない」が、稲盛が子ども時代に学んだ教訓の1つで、それは京セラでも同じでした。こう言っています。

「己を空《むな》しくして、自己犠牲を払い、従業員のことを最優先に考えるのです。それは、従業員の誰よりも懸命に努力するといった仕事に対する姿勢や、仕事が終わった後にわずかでも身銭を切って従業員を労《ねぎら》ってあげるというような、相手を思いやる姿勢です」

リーダーは、自分よりもまず仲間を優先する。そうすることで初めて、みんなの心を動かすことができるのです。

WORDS OF KAZUO INAMORI 50

リーダーは自分を脇に置いて考えろ

集団のリーダーになろうという人は、自分を大事にしてはいけないのです。

▼『ど真剣に生きる』

「トップというのは、会社が苦しい時は真っ先に苦しみ、順調な時は最後に良い思いをする」は、伊藤忠商事の元社長・丹羽宇一郎の言葉ですが、現実にはこれと正反対の人が少なくありません。

稲盛和夫もまた、会社が成功するとすべてを「自分の才能のお陰」と勘違いして贅沢《ぜいたく》に走り、会社が危うくなると自分の利益を確保するや否やさっさと逃げ出してしまう、そんな「私中心」の人が経営者やリーダーだと、その下にいる社員が不幸になってしまうと考えています。

一個人で完結する仕事なら自分中心で構いませんが、政治や経営といった集団を率いる仕事では、リーダーは自分を大事にするのではなく、「自分を脇に置いて、集団のことを最優先で考えられる」ようでなければいけない、というのが稲盛のリーダー観です。

稲盛は、郷里の大先輩である西郷隆盛を尊敬していますが、西郷の「命もいらず、名もいらず、官位も金もいらぬ人は始末に困るものなり。此《こ》の始末に困る人ならでは、艱難《かんなん》を共にして国家の大業は成し得られぬなり」という、「自分を滅する」生き方こそリーダーの条件であると信じています。

WORDS OF KAZUO INAMORI

51

西郷のように熱く
大久保のように冷静に

大事なことは、
最初の段階では理性で考え、
実際の対応において情をつけること。

▼『稲盛和夫の哲学』

西郷隆盛と大久保利通は、同じ鹿児島に生まれた明治維新の立役者ですが、「大久保は西郷を死地に追いやった」として、地元での評判は随分と開きがあるようです。稲盛和夫が西郷を尊敬していることはよく知られていますが、「経営者には、人情味溢《あふ》れるものを持ちながらも、冷酷なまでに厳しくならなければならない時がある」と考え、ある時期から大久保についても学び始めました。

事業を展開する時、情で判断して、情で行動すると収拾がつかなくなりますが、かといって理性で判断して、理性だけで行動すると、人は誰もついてきません。

つまり、「情の人」である西郷だけでも、「理性の人」である大久保だけでもダメで、「西郷のような情を持ちながら、大久保のような理性と冷徹さ」を合わせ持たない限り事業はうまくいかないのです。

稲盛は鹿児島に帰った際、「大久保の理性と冷徹さが必要だ」と話したところ顰蹙《ひんしゅく》を買ったといいますが、「大事なことは、最初の段階では理性で考え、実際の対応において情をつけること」だとして、両者の資質を融合調和する形でありたいと思い続けています。理性と情の順番をきちんと守ってこそ、人はついてくるし、経営もうまくいくのです。

WORDS OF KAZUO INAMORI

52

リーダーは「後ろ姿」で部下を教育しろ

舌先三寸で人が動くわけがありません。自ら先頭を切って行動することによって、みんなを導いていくのです。

▼『誰にも負けない努力』

最近ではあまり聞かれなくなりましたが、かつては、始業時間よりも遅れて出社することを「重役出勤」と言いました。遅刻する人への皮肉でも使われましたが、こう例えられるほど遅く出勤する重役がいたのも事実です。

そんな「重役」がガミガミ言っても、人は動くものではありません。人の心に訴え、人のやる気をかき立ててこそ、人は動くわけですが、そのためには、リーダーは「後ろ姿で教育しろ」というのが稲盛和夫の考え方です。

「後ろ姿」というのは、リーダーの日頃の行動です。リーダーは部下よりも早く、一番先に出社して、常に仕事のこと、会社のことを考えながら、日頃の勤務態度から仕事の進め方まで、率先垂範《そっせんすいはん》で、誰よりも一生懸命に取り組むことです。

その姿に、部下は「リーダーがあんなに一生懸命にやっているのだから、自分も頑張ろう」となるのです。

大切なのは、言葉でガミガミ言うことではなく、日常の行動で訴えることです。後ろ姿で訴えて初めて、部下はやる気を出すし、その行動も変わっていくのです。

上司が部下を見抜くのは難しいものですが、部下は3日もあれば上司の本質を見抜き、態度に現すのです。

WORDS OF KAZUO INAMORI

53

リーダーは嘘に逃げるな

会社を辞める勇気があるなら、
なぜ私を信じる勇気を持たないのか。

▼『アメーバ経営』

京セラを創業して2年目、稲盛和夫は高校を卒業したばかりの新入社員を10名採用しました。1年経ってようやく仕事を覚えた頃、全員が将来の昇給や賞与の保証などを求めて稲盛に血判状を持参しました。しかし、まだ創業から日も浅く、会社を維持するためにみんなが遮二無二《しゃにむに》働いている時代、稲盛に将来を保証する自信はありませんでした。

「将来を保証する」と口で言うのは簡単ですが、できなければ嘘になります。稲盛はそんないい加減な保証の代わりに、三日三晩話し合いを続けた末に、「会社を辞める勇気があるなら、なぜ私を信じる勇気を持たないのか。私は命をかけてみんなのためにこの会社を守っていく」という覚悟の言葉を突きつけました。

最終的に全員が納得して残ることになりましたが、この一件で稲盛は会社を経営することの大変さを痛感、「全従業員の物心両面の幸福を追求すると同時に、人類、社会の進歩発展に貢献する」という「経営理念」を定めています。以後、社員は京セラを「自分の会社」と思い、経営者であるかのように懸命に働いてくれるようになったといいます。

追い込まれても嘘に逃げず、誠心誠意の姿勢で臨んだことで、道が開けたのです。

WORDS OF KAZUO INAMORI

54

計画に固執せず、変化に即応せよ

「これは良い」と思えばすぐに手を打つ。
また考えてみて
「これはダメだ。こうするべきだ」と思えば、
部下に「すまん」と言って、すぐ直す。

▼『アメーバ経営』

京セラの特徴の1つに「アメーバ経営」があります。稲盛和夫が自らの経営哲学を実践するために独自につくり上げた、小集団独立採算制の経営手法ですが、効果を発揮するためには市場の変化に即応していくことが必要になります。

市場の動きに応じて組織体制も柔軟に変える必要があるのですが、世の中には、「計画を安易に変えるのは良くない」と言って、一度立てた計画を頑《かたく》なに守ろうとする頑固な人もいます。結果、計画と市場のズレはますます大きくなり、問題が生じることになります。計画は必要でも、縛《しば》られすぎてはダメなのです。

京セラのある部門の長が「来期からこのように組織変更をしたい」と稲盛に相談したところ、稲盛は「来月から変更しなさい」と指示するほど「変化への即応」を重視しています。一生懸命考えて実行に移しても、途中で「これではダメだ」と気付くことがあります。そんな時、「一度これと決めたことを変えるのは恥ずかしい」と先延ばしすると、問題はさらに大きくなります。

大切なのは、間違いに気付いたら「すまん」と言って、すぐに直すことです。目標達成のためには「朝令暮改」も辞さない臨機応変さが必要なのです。

WORDS OF KAZUO INAMORI **55**

目標を「みんなのもの」にしろ

経営目標とは経営者の意志から生まれたものであるが、同時にその目標が、従業員全員が「やろう」と思うようなものになっているかが大切になってくる。

▼『燃える闘魂』

企業が成長するためには、高い経営目標を掲げ、かつそれを「やり切る」ことが必要だ、というのが稲盛和夫の考え方です。しかし、高い目標を掲げたとしても、それを達成することができなければ何の意味もありません。やがては社員が経営目標を「どうせできるわけがない」などと軽んじるようになるからです。

では、経営目標をしっかりやり切るためには何が必要なのでしょうか？ 稲盛によると、自分たちが苦労することになる高い目標を、社員自らが掲げることは、まずありません。そのため、経営目標は、トップ自らが掲げることが必要になります。しかし、それだけでは、社員は「社長がまた勝手なことを言っているよ」と本気にならないため、「経営者の意志」を「社員の意志」にするための努力が欠かせません。

そのために稲盛が心がけていたのが、共に酒を飲み、共に同じものを食べながら、社員と同じ気持ちになって会話することでした。部下の顔を見ながら、「ああ、こいつは納得したな」と思うまで辛抱強く何回も話し、自らの思いを説明していったのです。

こうした努力があってこそ、目標は「みんなのもの」になるのです。

WORDS OF KAZUO INAMORI

56

リーダーは退くな逃げるな

うろたえても、少なくとも部下の手前、うろたえてはならんと自分に言い聞かせて、一歩も退かないことです。

▼『誰にも負けない努力』

「リーダーの考えていること、リーダーの心の内は、言葉にしなくても選手たちに伝わってしまう」と言ったのは、プロ野球の名監督だった野村克也です。

野村によると、監督が油断をすると、その油断は言葉にしなくてもみんなに伝わるし、弱気や焦《あせ》りも同様に伝わっていくといいます。だからこそ、リーダーは常に前向きで、プラスの感情を持たなければならない、というのが野村の監督論です。

プロ野球の世界が日々勝負であるように、経営の世界にも日々さまざまな困難があります。困難に遭遇《そうぐう》すると、経営者はどうしても怯《ひる》むし、時に厄介《やっかい》な問題から目をそらしたり逃げたくなったりすることもありますが、その時にこそリーダーとしての覚悟が問われると、稲盛和夫は考えています。

リーダーが困難を前に怯んでしまうと、せっかく困難に立ち向かおうとしていた社員も逃げ出そうとします。だからこそ、困難を前に言い訳をしたり、逃げ回るようなリーダーであってはなりません。

たとえ内心ではどんなに怖くても、空元気でも良いのでリーダーは「ここから一歩も退かない」という勇気を見せることが必要なのです。

WORDS OF KAZUO INAMORI

第六章

経営者の心得①
人をベースにした経営を

WORDS
OF
KAZUO
INAMORI

57

「人の心」を頼りに経営しよう

非常に移ろいやすいのも人の心なら、
ひとたび結ばれると
世の中でこれくらい強固なものもない。

▼『人を生かす』

事業で成功するためには「人、モノ、金」の3つが欠かせません。しかし、大企業ならともかく、小さな企業では3つとも足りないのが普通です。稲盛和夫が京セラを創業した時も同じでした。

宮木電機の専務・西枝一江《いちえ》などの尽力で設立資金は用意できたものの、「潤沢《じゅんたく》な」と言えるものではありません。高い技術を持つ「人」も、充実した「設備」もない状態での創業でしたが、稲盛には松風《しょうふう》工業からついてきてくれた7人の同志がいました。稲盛は信頼できる仲間をベースとした経営を心がけようとします。

社員というのは、良い時には「私はついていきます」と言ってくれますが、他社からもっと良い条件で誘われれば辞めて転職することもあるように、その心は「移ろいやすい」ものです。しかし、社員を信じて、社員によくしてあげようと努めると、「やはりこの社長についていこう」となり、その結びつきはとても強固なものになります。

稲盛によると、ないない尽くしの中小企業にあるのは「人の心」だけです。しかし、人の心を大事にして、みんなを1つにまとめることができれば、とてつもなく強い企業になることもできるのです。

WORDS OF KAZUO INAMORI 58

信頼がベースにあればこそ人は共に歩める

社員を信じられなくて、何の経営か。

▼『稲盛和夫最後の闘い』

2010年、経営危機に陥ったJALの会長に就任した稲盛和夫は、「誰がやっても立て直せない」と言われた会社をわずか3年で見事に再建していますが、さすがの稲盛にとっても、官僚体質の染みついた会社を変えていくのは苦労の連続でした。

特に苦労したことの1つに、当時8つも存在した労働組合との関係があります。「ディスクロージャーとは、真実をありのままに伝えること」と考える稲盛が経営陣と社員の情報の共有を進めようとすると、経営陣からの猛反対にあっています。数字を社員に伝えると、情報が洩《も》れ、争議の材料になると懸念したのです。それに対し、稲盛が言ったのが「社員を信じられなくて、何の経営か」でした。

上が情報を隠せば、下は不信感を持ちます。反対に、みんなに正しい情報を公開すれば、現場は上からの指示を待たずに、自分で考えて正しい行動をします。大切なのは労使の信頼であり、信頼なくして再建はないというのが稲盛の主張でした。実際、積極的な情報公開で労使は同じ方向を向くようになり、そこから再建が進み始めたのです。信頼がベースにあればこそ、人は自由に議論できるし、共に歩むことができるのです。

WORDS OF KAZUO INAMORI

59

仕組みを工夫して不正や間違いを防げ

社員に決して罪をつくらせない
という思いやりが、
経営者の心の中になくてはならない。

▼『実学』

トヨタ式に「ミスをしたくてもできないほどの改善を」という言葉があります。トヨタ式ではミスがあるたびに生産ラインを止めて、ミスの真の原因を調べます。ミスを責めるとか、過度の注意力を要求するのではなく、ミスをしようと思ってもできないほどの改善をしよう、という狙いです。

稲盛和夫は、京セラのあらゆる業務に、複数の人や部門で確認する「ダブルチェック」を導入していますが、その目的は「人間の持つ弱さから社員を守る」ことにあります。人間は魔が差したとしか言いようのない過ちを犯すことがあります。例えば、今月の成績を上げようと数字をごまかしたり、効率を上げようとデータを偽装したり、あるいはわずかであっても現金に手をつけることさえあります。

稲盛は創業以来、「人の心をベースとした経営」を心がけていますが、だからこそ社員がふとしたはずみで罪を犯すことのないように、常に複数でチェックすることで不正や誤りを防ぐ管理システムを構築、徹底しています。

社員を疑うのではなく、社員を信じるからこそ、社員が不正や間違いを絶対にできないほどの仕組みをつくるのです。

WORDS OF KAZUO INAMORI

60

どこにあっても「人の心」を貫け

アメリカ流も日本流もない、人間流でいけば良いのだ。

▼『ガキの自叙伝』

日本企業がアメリカなど海外に進出した時、工場運営でしばしばぶつかるのが、働き方の違いです。1968年、IBMとの取引を契機に輸出が急増した京セラは、ロサンゼルスに事務所を開設、1971年にはフェアチャイルド社の工場を買収し、現地生産を開始しました。日本人5人を含む、総勢30人の工場です。

ところが、生産は軌道に乗らず、工場は赤字続きでした。原因は労働慣習の違いにありました。京セラの技術者がどんどん現場に入っていくのに対し、アメリカの技術者はオフィスで指示を出すだけで、問題があっても定時で帰ります。

稲盛和夫は工場の閉鎖を覚悟しますが、「必ず成功させますから」という5人の熱意に押されて継続を決めました。

やがて、5人の懸命な働きぶりを見るうちに、現地の社員の意識も変わってきました。社長も上司も社員の先頭に立って働くという京セラ流のやり方を実践するうちに、みんなが懸命に働くようになったのです。そんな努力が実り、買収から約2年が経った頃、初の黒字を計上するようになりました。

稲盛は痛感しました。「アメリカ流も日本流もない、人間流でいけば良いのだ」と。

WORDS OF KAZUO INAMORI

61

「見える」からこそ知恵もやる気も出る

経営の実態を知らせないで、責任を持てと言っても、それはできません。

▼『従業員をやる気にさせる7つのカギ』

トヨタ式では「見えなければ知恵は出ない」と考えます。生産現場などで問題が起きた時、なぜトヨタではちょっとしたことでも生産ラインを止めるかというと、問題が起きたことをみんなに「見える」ようにするためです。問題が見えれば、みんなが「何とかしよう」と知恵を出しますが、問題が見えなければ知恵など出ないし、出す必要もありません。

稲盛和夫が京セラで実践した「アメーバ経営」の特徴の1つは、すべての社員が会社の経営状況を見ることができる「透明な経営」にあります。経営者というのは往々にして、社員に「もっと売上を伸ばせ」「利益を出せ」と発破はかけますが、実際にどれだけの売上があり、経費はどれだけかかって、どれだけの利益が出ているのかといった細かな数字については、社員に教えようとはしません。

にもかかわらず、「会社は大変だ、もっと頑張れ」と言われても、所詮《しょせん》は「他人事」なのです。稲盛が経営の実態をみんなに公開する「ガラス張りの経営」をするのは、実態が分かれば社員みんなが「我が事」として考え、「何をすべきか」を考えるようになるからです。問題や経営内容が「見える」ことは、社員のやる気や知恵を引き出す最善の方法なのです。

WORDS OF KAZUO INAMORI

62

「心」を合わせてこそM&Aはうまくいく

資本の論理だけをふりかざしても、経営がうまくいくわけではありません。過半数の株式を握れば、法規上は会社を支配できても、社員の心まで支配することはできません。

▼『ど真剣に生きる』

企業が業容を拡大していくうえでしばしば行われるM＆A（企業の買収・合併）にも、友好的なものと敵対的なものがありますが、稲盛和夫は資本の論理を振りかざして会社を支配し、社員を無理やり従わせるやり方を好みません。過半数の株式を握ることで、法律上は会社を支配できても、「社員の心まで支配することはできません」というのが稲盛の持論です。

1979年、稲盛は電卓やキャッシュレジスターを生産するトライデント社と、車載用トランシーバーを生産するサイバネット工業を買収しました。京セラが得意とするセラミック技術とは異なる分野でしたが、両社の社長や幹部と胸襟《きょうきん》を開いて話した結果、「共に頑張れる人たち」だと確信した稲盛は買収を決めたのです。倒産寸前の会社を救うのは大変な苦労でしたが、愚痴をこぼすことなく基幹事業の育成に努めた結果、心で結ばれた仲間同士となり、両社の持つ技術はその後の京セラの事業の柱となったのです。

買収は「時間を買う」とも言われますが、「時間をかけて」でも、「心を合わせる経営」をしてこそ、M＆Aは成功するし、みんなが幸せになれるというのが稲盛の持論です。

WORDS OF KAZUO INAMORI

63

「従業員の幸福」のために経営せよ

「会社は誰のものか」
という問いを受ければ、私は躊躇《ちゅうちょ》なく
「全従業員の物心両面の幸福のためにある」
と答えるでしょう。

▼『ど真剣に生きる』

「会社は株主のものだ」と主張し、会社に対して「もっと配当を出せ」「リストラを進めて利益を出せ」と迫る「物言う株主」がいます。たしかに、商法上は会社は、株主のものなので、主張自体には何の問題もありませんが、それが行きすぎて「今だけ、金だけ、自分だけ」になると問題ですし、経営者も株主の方を気にして、株価を上げるためだけに経営するようになっては困りものです。

「会社は誰のものか?」という問いに対し、稲盛和夫ははっきりと「全従業員の物心両面の幸福のためにある」と答えています。理由はこうです。

「従業員みんなが安心して、喜んで働いてくれるような会社にする。さらには広く社会から信頼と尊敬を受けるような立派な会社にする。その結果として、素晴らしい業績を実現する。そうすることがひいては会社の価値を高め、株主にとっても望ましいことになる」

京セラは「稲盛の技術を世の中に広める」ために誕生した会社ですが、「全従業員の物心両面の幸福のためにある」という経営理念を掲げるようになってから、確固たる基盤ができています。自分のためではなく、社員のために経営する、というのが稲盛の経営哲学なのです。

WORDS OF
KAZUO INAMORI

第七章

経営者の心得②
経営はかくあるべし

WORDS OF KAZUO INAMORI 64

虚栄心に打ち克ち「筋肉質の経営」を目指せ

経営者が自分や企業を実力以上に良く見せようという誘惑に打ち克つ強い意志を持たなければならない。

▼『実学』

人は誰でも、自分を少しでも良く見せたいという気持ちがあります。同様に企業も、小さな頃はともかく、ある程度の成功を収めると、少しくらいの贅沢《ぜいたく》はしたくなるものです。それが「身の丈」に合ったものなら良いのですが、「身の丈以上」に見せようとすると、「贅肉《ぜいにく》ばかりがつき、不要な負担を増すばかりとなる」と稲盛和夫は指摘します。

例えば、会社が上場すると、高い株価を維持しようと考え、無理をしてでも売上や利益を伸ばそうとします。あるいは、一流企業に見られようと、経営者は立派な車に乗り、必要もないのに一等地に立派な本社を構えて、おしゃれなオフィスを演出しようとします。現場も最新の機械設備ばかりを求めるようになりがちです。しかし、稲盛は常に倹約を心がけ、社員に対しても、機械設備が「中古で間に合うなら、それで我慢せよ」と言い続けてきました。

企業は成長し続けなければなりませんが、そのためには贅肉だらけの経営ではなく、贅肉のない「筋肉質の経営」でなければならない、というのが稲盛の信条です。そこで求められるのは、「自分を良く見せたい」という虚栄心に打ち克つ、経営者の心の強さなのです。

WORDS OF KAZUO INAMORI

65

売上を最大に、
経費を最小に

使う方の予算だけは厳守され、
入ってくる方の売上は期待通りには増えない。

▼『実学』

「お金持ちになりたい」と願う人のほとんどは「大金が入ってくる」ことを夢見ますが、そんなラッキーに期待するよりも確実なのが「使うお金は入ってくるお金よりも少なく」することです。もしこれを徹底できれば、収入はそれほどではなくても、誰もが確実にお金を蓄えていくことができます。

稲盛和夫は京セラの創業当初、技術の専門家ではあっても、経理に関しては素人でした。そこで、経理の専門家に納得がいくまで質問する中で発見したのが「売上を最大に、経費を最小にする」という大原則です。たいていの企業は、売上を伸ばすためにはある程度の投資が不可欠で、人を増やしたり、設備を増やしたりすることを考えがちですが、そうやって「使う方の予算」は計画通りに使われるのに対し、「入る方の予算」は達成できないことがしばしばです。これでは、利益は増えるどころか減る一方です。

そこで稲盛は、売上を最大にする努力をする一方で、無理に「消化」しがちな予算制度はつくらず、必要なお金はその都度稟議《りんぎ》を出して決裁するなど、すべての経費を減らすように努めています。

そうした努力の積み重ねが、京セラの無借金経営を実現したのです。

WORDS OF KAZUO INAMORI

66

日頃から「余裕のある経営」を

土俵の真ん中で相撲をとる。

▼『実学』

稲盛和夫がよく使う言葉に「土俵の真ん中で相撲をとる」があります。土俵際に追い詰められると、苦し紛れに技をかけるので、技をかけ損なったり、際どい判定で負けることになります。しかし、土俵の真ん中で盤石《ばんじゃく》の体勢をとり、かつ土俵際に追い込まれたような緊張感を持って勝負に臨めば勝つことができる、というのです。

京セラを創業して間もない頃、稲盛はパナソニックの創業者・松下幸之助の「ダム式経営」の話を聞き、経営は常に「資金のダム」「技術のダム」など、「ダムの蓄え」を持って行わなければならないと自覚、「土俵の真ん中で相撲をとる」経営を心がけるようになりました。

経営者の中には、いつも資金繰りに追われ、金策に走って、月末を何とか乗り切ったと満足する人がいますが、稲盛はそうした努力は「マイナスの経営をやっとプラス・マイナス・ゼロに戻す」だけで、意味のないものだと考えていました。

土俵際に追い込まれてから頑張っても、できることは限られています。大切なのは、土俵の真ん中にいながらも「健全な危機感」を持って必要な行動を起こすことです。そうすることで、焦《あせ》らず、余裕を持った判断や行動が可能になるのです。

WORDS OF KAZUO INAMORI

67

不況だからこそ新しい挑戦をせよ

最も大事なことは、
不況の時にこそ、新製品、新商品の
開発に努めることである。

▼『燃える闘魂』

企業経営には好不況がつきものです。稲盛和夫は、好況の時には利益を上げて内部留保を高め、次の不況への備えを怠らないことが、不況の時には経費削減などに努めながらも、新製品の開発に努めることが大切だといいます。

売上が伸びない中、すぐに儲かるかどうか分からない新製品の開発に取り組むことには、躊躇《ちゅうちょ》する経営者も少なくありません。しかし、「そうではない」と稲盛は言います。不況で従来の製品の注文が減っている以上、従来の製品の売上を増やすのは至難のわざです。反対に「今は自社にない製品」を生み出すことができれば、それは売上につながります。

実際、京セラが開発した釣り竿のセラミック製ガイドリングは不況期に生まれています。当時のガイドリングは金属製でしたが、ある営業社員が「セラミックにすれば、釣り糸の滑りが良くなり、切れにくくなる」と発案、実際につくったところ、大きな効果があったのです。これをきっかけに、ガイドリングにはセラミック製が使われるようになり、世界に広がることになったのです。

不況の時こそ新しいアイデアを試し、新たなニーズを呼び起こす、前向きな取り組みが必要なのです。

WORDS OF KAZUO INAMORI 68

経営はガラス張りにせよ

数字はごまかせば良いということになったら、
社員は誰も真面目に働かなくなる。
そんな会社が発展していくはずがない。

▼『実学』

「ペンさえあれば『利益』はいくらでもつくり出せます。ただし、ペテン師も集まってきます」は、「世界一の投資家」ウォーレン・バフェットの言葉です。自分の会社を少しでも良く見せようとして、見せかけの売上を計上するなど、愚かな情報操作に走る企業経営者がいますが、それは、結果的には企業の信用を傷つけ、企業価値を下げるだけになります。

数字がやりようによっていくらでも変えられるとなれば、企業の決算など信用するに値しないものになるし、何より社員の感覚が麻痺《まひ》してしまい、数字は操作して当然と考えるようになって、誰も真面目に働かなくなってしまう、というのが稲盛和夫の懸念です。

近年、決算数字以外にも、さまざまなデータの書き換えなどが頻繁に指摘されています。いずれも「会社のため」「効率のため」といったもっともらしい理由からですが、所詮《しょせん》は不正であり、ごまかしにすぎません。

稲盛がモノやお金の動きと伝票の処理を明確に一対一で対応させる「一対一対応の原則」を徹底するなどガラス張りの管理を重視しているように、リーダーは自らの見栄や保身のために「誘惑」に負けてはならないのです。

WORDS OF KAZUO INAMORI

69

「お得なまとめ買い」に惑わされるな

今1升いるなら、1升しか買ってはならない。

▼『実学』

「まとめて買えば安くなる」は、ものづくりにおいても多くの人が陥る錯覚の1つです。100個の部品が必要な時、100個だけ買おうとすると、売り手は「500個なら10%引きますよ」と値引きをちらつかせて、たくさん買わせようとします。たしかに1個当たりの単価は安くなりますが、現実には500個全部を使うことはなく、400個近い部品が倉庫でほこりを被《かぶ》るだけになります。結果、1個あたりの単価はかえって高くつくことになります。

稲盛和夫は子ども時代、母親が「安いから」とまとめて買ったサツマイモの多くが結局使われないままに傷んでしまったのを見て、「まとめて買えば安くあがったように思うけれども、実はそうではないことを学んだ」といいます。そのため、京セラでは、経理部長から「経理の常識に逆行する」と言われながらも、多少高くても必要なものを必要な分だけ買う「当座買い」を徹底しました。

必要な分しかなければ、社員は今あるものを大切に使いますし、在庫を持たないので倉庫もいりません。一見高く買ったように見えても、結果的には安くつくということで、やがて経理も納得。京セラの経営の鉄則の1つとなったのです。

WORDS OF KAZUO INAMORI 70

常識を疑い、常識破りの成長を目指せ

常識を前提にして経営すると、意図せず自然のうちに同業他社と横並びの経営になってしまう。

▼『実学』

「稲盛会計学」の特徴は、「まとめて買えば安くなる」などの常識を「本当か？」と疑うことで、必要なものを必要な時に必要な量だけ買う「当座買い」を自社に定着させるなど、業界の常識や通説に縛《しば》られず、自分が正しいと考えることを実践するところにあります。「いくら常識だといっても、道理から見ておかしいと思ったことは、必ず最後には世間でも認められるようになる」が稲盛和夫の考えです。

稲盛によると、売上に対する販売管理費の割合が業界で15％が常識とされている時、新規参入する企業もそれを常識として鵜呑《うの》みにしてしまうと、なぜか自社の販売管理費も15％になってしまい、同業他社と何ら変わらない経営をするようになる、といいます。利益率なども同様で、常識にとらわれてしまうと、それ以上の数字が出せなくなるし、そこで満足してしまうといいます。

これでは「勝つ」ことはできません。常識に縛られすぎると、そこから抜け出せなくなってしまいます。業界の常識や通説を鵜呑みにせず、「本当か？」と疑う姿勢を持つことで、初めて人も企業も「常識では考えられない」ほどの成長が可能になるのです。

WORDS OF KAZUO INAMORI

71

「最高」ではなく「完璧」を目指せ

京セラが目指すのはベストでなく、パーフェクトである。

▼『働き方』

「完成品をつくるには、すべてが100%でなければならない」というのが稲盛和夫の考え方です。ものづくりには何百、何千、何万という部品が必要で、それを組み立てるために何百という工程が必要になり、その中の1つでも100%でないものがあれば、できた製品は不良品となります。つまり、すべての部品、すべての工程が100%であって初めて完成品になるわけです。稲盛はこれほど厳しい世界で生きてきただけに、「京セラが目指すのはベストでなく、パーフェクトである」と言います。

京セラ創業から20年ほど経った頃、フランス系の多国籍企業シュルンベルジェ社の社長ジャン・リブーが京都に稲盛を訪ねてきました。意気投合した2人が後日アメリカで会い、夜遅くまで語り合った際、リブーが「当社はベストを尽くすことをモットーにしている」と言ったところ、稲盛は「目指すのはパーフェクト」と答えています。稲盛によると、ベストが他との比較であるのに対し、パーフェクトは「完璧」を意味しており、リブー社長も、長い議論の末に「我が社はパーフェクトをモットーにしよう」と同意しました。目指すのは「他と比べて最高」ではなく、「完璧」なのです。

WORDS OF KAZUO INAMORI 72

企業には、損をしてでも守るべき「哲学」が必要だ

額に汗して自分で稼いだお金だけが、本当の利益なのだ。

▼『生き方』

バブル景気の頃のような金余りの時代には、汗水たらしてコツコツとものづくりを行うよりも、株式投資や不動産投資にお金を注ぎ込んで巨額の利益を上げる方が良いと考えてしまう経営者がいます。

ものづくりがもたらす利益は、それこそ1つの製品をつくって何円とか、何銭とか、ごくわずかなものです。そんな小さな利益を積み上げていくことを思えば、株式投資や不動産投資がもたらす利益は莫大です。そのせいか、バブル景気の頃には、本業はそっちのけで投資や投機にうつつを抜かして莫大な利益を出す会社がもてはやされ、投資も投機もせずひたすら本業に徹する企業は「愚か者」扱いされることさえあったほどでした。

稲盛和夫も、そんな「愚か者」の1人でした。バブルの頃、京セラにある多額の現預金を投資や投機に向けない稲盛は「うまみ」を理解していないと思われて、儲けの仕組みを懇切丁寧に教える銀行員もいたといいます。

ところが、バブルが崩壊すると、稲盛のように「額に汗して自分で稼いだお金だけが、本当の利益なのだ」という信念を持つ企業だけが無傷で残り、その後も成長していきました。企業には「損をしてでも守るべき哲学」が必要なのです。

WORDS OF KAZUO INAMORI 73

税金は社会貢献と割り切って考えろ

税金は社会貢献のための必要経費と考え、税引き後利益のみが、自分たちの努力に与えられた利益だと考えるのです。

▼『成功への情熱』

企業経営者に限らず、税金の高さを嘆き、「苦労して払った税金は本当に効果的に使われているのか？」という疑問を感じている人は少なくありません。稲盛和夫自身、「税金の支払いは身を切られるように辛《つら》いこと」であり、手元に現金が不足していれば借金してでも現金で払わなければならない「無慈悲なもの」と言っているほどです。

そのため、経営者の中には借金をして不動産を買ったり、海外に資産を移転したりといったさまざまな方法で、税金を少しでも少なくしよう、できるなら払わずに済ませたいと工夫をこらす人もいますが、稲盛は、税金は世の中の発展に使われるものであり、「利己的な気持ちから、課税を逃れるために、利益を隠してはならない」と明言しています。

大切なのは、税金を「自分の銀行口座からお金を奪われる」などと考えるのではなく、「利益とは私たちの社会への貢献に対して与えられる、成績表のようなもの」と客観的に見ることだとも、稲盛は言います。

現在、日本の法人税率は欧米並みに引き下げられています。だからこそ経営者は「税金は社会貢献のための必要経費」と前向きに捉えることが大切なのです。

WORDS OF KAZUO INAMORI

74

利益は「つくり方」で決まる

私は創業当初から、
「お客さまが値段を決める」という
市場価格を前提として経営を行ってきた。

▼『アメーバ経営』

ものの値段の決め方には2つの式があります。

A、原価＋利益＝売値

B、売値－原価＝利益

Aの式は、最初にものをつくるための原価を計算したうえで、「会社としてこれだけの利益はほしい」という原価主義で、原価に利益を加えたものが売値になります。ここでは、原価が上がると、その分だけ売値も上がることになります。

一方、Bの式は「お客さまが値段を決める」と稲盛和夫が言うように、市場での競争で売値が決まります。売値を自分たちの意思で変えられない以上、企業が利益を出すためには原価を下げることが必要になり、利益は「つくり方で決まる」ことになります。

稲盛が日本の電話料金の高さに呆《あき》れて通信事業への参入を決めたように、競争のない業界では売値はAの式になりやすく、「原価が上がったから」と売値を上げる方向に向かいがちです。しかし、これではお客さまのためにはなりません。

お客さまが求めているのは「良いものをより安く」です。そのニーズに応えるためにも、企業は日々、つくり方を工夫し続けてこそ、お客さまに支持され続けるのです。

WORDS OF KAZUO INAMORI 75

「値決めは経営」である

値決めの最終的な目標は、
お客さまが喜んで買ってくださる
最高の価格を見出すことです。

▼『成功への情熱』

商売で最も難しいことの1つが「値決め」です。値段が高すぎれば、お客さまが買ってくれず、売れ残りを抱えて経営が苦しくなりますし、安すぎれば、お客さまは喜んで買ってくれますが、利益が出ず経営が立ち行かなくなります。

創業したばかりの頃の京セラは、無名の零細企業だけに、大手企業のところに営業に行くと「値段が安ければ買ってやろう」と言われ、見積もりを出すと「他社はこれより安いぞ」と言われるので、営業はとにかく安い価格で受注する傾向がありました。しかし、それでは、利益を出すために大変なコストダウンをしなければなりません。

そんな「値引き一辺倒」の営業社員に稲盛和夫が言ったのが、「これより安ければ、いくらでも注文がとれる。これより高ければ注文が逃げてしまう。そのギリギリの1点を射止めなければならない」でした。大切なのは、お客さまが喜んで買ってくれる一番高い値段を見抜くことであり、値決めは「経営の死命を決する問題」というのが稲盛の持論です。

それは子ども時代、父親がつくった紙袋を売るにあたって、「もっとまけといて」と言われるとつい応じてしまった稲盛の経験則でもあるのです。

WORDS OF KAZUO INAMORI

76

売れない在庫は「資産」ではなく「罪庫」である

いかにコストをかけてつくり、
物理的に「良品」であっても、
（売れない在庫は）いわば
そのへんの「石ころ」にすぎない。

▼『実学』

売れない在庫を「資産」と見るか、それともトヨタ式で言う「罪庫」と見るかは、経営者の判断次第です。稲盛和夫は後者の立場で、さらにはっきりと「セラミック石ころ論」を唱えています。

京セラの基本は受注生産ですが、例えば1万個の注文に対し、※歩留まりなどを考えて1万2000個を生産、次の注文に備えて2000個を在庫として保管するとします。1個200円とすれば40万円分の在庫が資産として帳簿に計上されますが、客先から「今後あの部品は使わない」と言われると、せっかくの在庫が「売れない在庫」となり、実質的に「無価値」になります。企業の中には、こうした「売れない在庫」も、会社の実績を少しでも良く見せようと「資産」として計上し続けるところもありますが、稲盛は売れないセラミック部品は「石ころ」として捨てるよう指示しています。

価値のない石ころを「資産」として計上し、決算数字を良く見せたところで、それは所詮《しょせん》まやかしの数字であり、企業の実力を正しく反映したものとはなりません。「健全な経営」を目指すためにも棚卸は人任せにせず、「不良在庫を捨てる」という判断をするのも経営者の責任の1つだというのが稲盛の考え方です。

※歩留まり…完成した製品に対し、不良品などを除いた実際に使える製品の割合

WORDS OF KAZUO INAMORI

77

正しく儲けて、利他のために使え

利を求むるに道あり、財を散ずるに道あり。

▼『生き方』

お金は「よく集める」だけではダメで、世のため人のために「道理をわきまえて使ってほしい」というのが、500の企業をつくり「日本の資本主義の父」と呼ばれた一方で、600の社会事業に尽くした渋沢栄一の願いでした。

企業である以上、利益を出すのは当然のことです。稲盛和夫は高い利益率にこだわり、京セラを創業して以来、一度も赤字にしなかった稀有《けう》の経営者ですが、「企業経営には、利益を追求するにあたって、人間として守るべき道がある」とも考えていました。利益は必要ですが、かといって手段を選ばず、人をだましたり、おとしめたりする不正な方法では、企業は決して永続することはありません。

こうした態度を稲盛は「利を求むるに道あり」と表していました。その一方で、稲盛は得た利益は世のため人のために使わなければならないと考えて「財を散ずるに道あり」と表し、母校・鹿児島大学へのメモリアルホール寄贈など、積極的に社会貢献活動に取り組んでいます。

人に「人徳」があるように、企業にも「社徳」があってしかるべきです。企業は上げる利益の多寡《たか》だけで評価されるのではなく、その使い方も社会から見られているのです。

WORDS OF KAZUO INAMORI 78

理念は愚直に守り続けろ

理念を曲げるくらいなら、
従業員ごと会社が潰《つぶ》れなければいけません。

▼『ど真剣に生きる』

京セラが成功した理由の1つに、早期に稲盛和夫が経営理念を打ち立て、社員と共有し守り続けてきたことがあります。

ここで多くの人が不思議に思うのが、経営理念はほとんどの企業が持っているし、それを朝礼などで唱和しているにもかかわらず、なぜ京セラほどの成功ができないのかという疑問です。

違いは「理念を持っているだけ」か、「理念を愚直に守り続ける」かにあります。稲盛によると、経営をしていると時に「理念から外れるけれども、これくらいなら良いだろう」という誘惑が訪れます。そんな時に頑《かたく》なに理念を守る人もいれば、「これくらいなら許されるだろう」と逸脱する人もいます。

ところが、一度逸脱してしまうと、「これくらいなら、これくらいなら」と少しずつずれが大きくなり、結果的に大きな間違いを犯すことがあるというのです。

稲盛にとって、理念というのは「曲げるくらいなら、従業員ごと会社が潰れなければいけません」と言い切るほど、愚直に守り続けなければならないものなのです。

ご都合主義で守ったり守らなかったり、あるいは変えてしまうようでは、それは「理念」ではないのです。

WORDS OF KAZUO INAMORI

79

「人間として正しいこと」を貫き通せ

経営の場において私は、
「人間として何が正しいのか」
ということを判断のベースとして
まず考えるようにしている。

▼『実学』

世の中にはたくさんの経営理論や戦略論がありますが、稲盛和夫は、こうした戦略や戦術を考える前に、守るべき原則があると考えています。

稲盛が多くの人の助けを得て京セラを創業したのは27歳の時です。技術に関しては自信があっても、経営者としての経験をまったく持たない稲盛でしたが、経営者である以上、あらゆる場面で判断を迫られます。誕生したばかりの企業が判断を間違えれば、たちまち苦境に陥ります。悩み抜いた稲盛が出したのが、「人間として何が正しいのか」をベースとして、すべての判断をするという方針でした。

「人間として正しいこと」というのは、例えば公平、公正、正義、勇気、誠実、忍耐、努力、親切、思いやり、謙虚、博愛といった普遍的な価値観であり、子ども時代に両親から教わった「やって良いこと、悪いこと」をきちんと見極めるというものです。あまりにも単純に思えるかもしれませんが、「嘘をついてはいけない」と理解はしていても、現実の社会で「嘘をつかずに仕事をする」のは簡単ではありません。

稲盛は正しいことを判断基準にするだけでなく、徹底したからこそ、経営の判断を誤ることがなかったのです。

WORDS OF KAZUO INAMORI 80

「燃える闘魂」と「高邁な精神」を持て

経営者たる者、
「世のため人のため」という
高邁《こうまい》な動機を持っていなくてはならない。

▼『燃える闘魂』

稲盛和夫も自著でしばしば触れているように、戦後の復興期の日本には、尊敬するべき経営者がたくさんいました。パナソニックの創業者・松下幸之助は過疎化の進む地方を救うために、人口流出の激しい県にあえて工場をつくっていますし、ホンダの創業者・本田宗一郎は生産技術向上のためにリスクを冒《おか》して高額の機械を輸入するにあたって「たとえうちが潰《つぶ》れても、国にそれだけの機械が残れば幸福だ」とさえ言っています。

共に優れた経営者であり、稲盛の言う「燃える闘魂」の持ち主ですが、それを自社のためだけでなく、「世のため人のため」に使ったからこそ、どちらも今も繁栄する企業となることができたのです。

経営者には「燃える闘魂」が欠かせません。あらゆる局面で、ライバル企業に「絶対に負けない」という気持ちなくして勝つことはできませんが、それを自社のためだけに使ってしまうと、自らの利益だけを追い求め、社会に害をなす恐れがある、というのが稲盛の考え方です。

経営者が「燃える闘魂」と「世のため人のため」という高邁な精神を合わせ持ってこそ、企業は成長し続けることができるし、社会から認められ、尊敬される存在となることができるのです。

「稲盛和夫」参考文献

『稲盛和夫の実学―経営と会計』稲盛和夫著、日本経済新聞出版社
『生き方―人間として一番大切なこと』稲盛和夫著、サンマーク出版
『働き方―「なぜ働くのか」「いかに働くのか」』稲盛和夫著、三笠書房
『誰にも負けない努力―仕事を伸ばすリーダーシップ』
稲盛和夫述、稲盛ライブラリー編、PHP研究所
『「成功」と「失敗」の法則』稲盛和夫著、致知出版社
『燃える闘魂』稲盛和夫著、毎日新聞出版
『ど真剣に生きる』稲盛和夫著、NHK出版生活人新書
『君の思いは必ず実現する』稲盛和夫著、財界研究所
『稲盛和夫のガキの自叙伝―私の履歴書』稲盛和夫著、日経ビジネス人文庫
『アメーバ経営―ひとりひとりの社員が主役』稲盛和夫著、日経ビジネス人文庫
『人を生かす―稲盛和夫の経営塾』稲盛和夫著、日経ビジネス人文庫
『稲盛和夫の経営問答―従業員をやる気にさせる7つのカギ』
稲盛和夫著、日経ビジネス人文庫
『成功への情熱―Passion―』稲盛和夫著、PHP文庫
『稲盛和夫の哲学―人は何のために生きるのか』稲盛和夫著、PHP文庫
『活きる力』鹿児島大学 稲盛アカデミー編、小学館文庫プレジデントセレクト
『賢く生きるより辛抱強いバカになれ』稲盛和夫・山中伸弥著、朝日文庫
『なんとかする! なんとかできる! 稲盛和夫の「仕事学」―1年後の自分を確実に大きくする言葉』ソニー・マガジンズビジネスブック編集部編著、三笠書房
『稲盛和夫 最後の闘い―JAL再生にかけた経営者人生』
大西康之著、日本経済新聞出版社
『プレジデント2020.9.18 稲盛和夫名語録&ラストメッセージ』プレジデント社

桑原《くわばら》　晃弥《てるや》

1956年、広島県生まれ。経済・経営ジャーナリスト。慶應義塾大学卒。業界紙記者などを経てフリージャーナリストとして独立。トヨタ式の普及で有名な若松義人氏の会社の顧問として、トヨタ式の実践現場や、大野耐一氏直系のトヨタマンを幅広く取材、トヨタ式の書籍やテキストなどの制作を主導した。一方でスティーブ・ジョブズやジェフ・ベゾスなどのIT企業の創業者や、本田宗一郎、松下幸之助など成功した起業家の研究をライフワークとし、人材育成から成功法まで鋭い発信を続けている。著書に『人間関係の悩みを消すアドラーの言葉』『自分を活かし成果を出すドラッカーの言葉』（ともにリベラル社）、『スティーブ・ジョブズ名語録』（PHP研究所）、『トヨタ式「すぐやる人」になれるすごい仕事術』（笠倉出版社）、『ウォーレン・バフェット巨富を生み出す7つの法則』（朝日新聞出版）、『トヨタ式5W1H思考』（KADOKAWA）、『1分間アドラー』（SBクリエイティブ）、『amazonの哲学』（大和文庫）などがある。

イラスト　田渕正敏
デザイン　宮下ヨシヲ（サイフォン グラフィカ）
校正　土井明弘
編集　安田卓馬（リベラル社）
編集人　伊藤光恵（リベラル社）
営業　持丸孝（リベラル社）
制作・営業コーディネーター　仲野進（リベラル社）

編集部　渡辺靖子・山田吉之・鈴木ひろみ
営業部　津村卓・澤順二・津田滋春・廣田修・青木ちはる・竹本健志・春日井ゆき恵

人を大切にし組織を伸ばす　稲盛和夫の言葉

2021年4月26日　初版発行
2024年3月25日　5版発行

著　者　桑原　晃弥
発行者　隅田　直樹
発行所　株式会社 リベラル社
〒460-0008　名古屋市中区栄3-7-9　新鏡栄ビル8F
TEL 052-261-9101　FAX 052-261-9134
http://liberalsya.com
発　売　株式会社 星雲社（共同出版社・流通責任出版社）
〒112-0005　東京都文京区水道1-3-30
TEL 03-3868-3275
印刷・製本所　株式会社 シナノパブリッシングプレス

ISBN978-4-434-28714-5　C0034
216003

桑原晃弥の好評既刊

イノベーションを起こす ジェフ・ベゾスの言葉

Amazon 創業以来、人々の生活に革新をもたらし続けるジェフ・ベゾス。彼自身が「ネットの７週間は現実の７年」と語る、スピード感溢れる世界を勝ち抜く知恵を多数紹介！

逆境を乗り越える 渋沢栄一の言葉

500 以上の企業をつくり、育てただけでなく、600 もの慈善事業にも取り組んだ渋沢栄一。日本資本主義の父が語る、お金稼ぎに止まらないビジネスの精神をあなたに！

リーダーとして結果を出す 野村克也の言葉

野球の名監督として知られる野村克也。長年選手を育ててきた「ノムさん」の言葉から、人や組織を伸ばすコツを厳選。ビジネスに活きる名将の知力をあなたに！

自分を活かし成果を出す ドラッカーの言葉

「マネジメント」を発明し、世界で最も有名な経営コンサルタントの１人となったドラッカー。彼の言葉からビジネスシーンで活躍するヒントを学んで、自分を最大限に活かそう！

人間関係の悩みを消す アドラーの言葉

フロイトやユングと共に現代心理学の基礎を築いた「勇気」の心理学者アドラー。彼の言葉から悩みをなくすヒントを学んで、自分の運命を変えよう！